다락원 명작노트 024

어둠의 심연 外

Heart of Darkness & The Secret Sharer

조셉 콘래드

다락원 WILEY Publishers Since 1807

세계의 교양을 읽는다

고전을 왜 읽는가?

인간의 삶과 세상에 대한 영원한 물음이 있기 때문이다. 시대와 사상을 뛰어넘어 지금 여기 우리에게 필요한 물음이 없는 고전은 더이상 고전이 아니다. 인간과 삶에 대한 근원적인 물음 없이 고전을 읽는다면 자신과 인간에 대한 성찰과 지혜로 이어지지 않는다. 논술 시험 때문에, 과제물 때문에, 아니면 남들이 읽으니까, 나도 읽는다는 식이라면 그 책은 죽은 책일 수밖에 없다.

고전을 살아 있는 책으로 만드는 이 '물음!'에 답하기 위해서는 좋은 길잡이가 필요하다. 40년 이상 미국의 고교생과 대학 주니어들이 시험, 에세이 작성, 심층토론 준비를 위해 바이블처럼 애용해온 'CliffsNotes'와 'SPARKNOTES'는 바로 그런 좋은 길잡이의 표본이다. 이 두 시리즈가 원조 논술연구모임인 '일이관지(一以貫之)' 팀의 촌철살인적 해설을 곁들여 〈다락원 명작노트〉로 재탄생해 논술로 고민중인 대한민국 학생 여러분을 찾아간다.

CliffsNotes와 SPARKNOTES의 가장 큰 장점은 방대하고 난해한 고전을 Chapter별로 요약하고 분석해서 원전의 내용에 보다 쉽고 체계적으로 접근하는 신속·간편성이라고 할 수 있다. 여기에 '一以貫之'팀이 원전의 중요한 문제의식, 즉 근원적 '물음'은 무엇이며, 그 '물음'은 오늘날에도 여전히 유효한가, 라는 질문을 다시 던진다.

대입논술로 고민하고, 자칭 타칭의 고전이 넘쳐나는 오늘의 독서풍토에서 지적 정복이 긴박한 대한민국 학생들에게 감히 이 시리즈를 자신있게 권한다.

一以貫之 논술연구모임 연구실장 이호곤

CliffsNotes와 SPARKNOTES는 방대한 원작을 보다 쉽게 이해할 수 있도록 돕는 안내서입니다. 원작 이해를 돕기 위해 작가와 작품에 대한 배경지식, 그리고 매 장마다 간단한 '줄거리'와 '풀어보기'가 실려 있습니다. '줄거리'를 통해서는 원작의 내용을 명쾌하게 파악함으로써 독서의 즐거움을 느낄 수 있을 것입니다. '풀어보기'에는 원작에 담긴 문학적 경향, 등장인물의 심리상태, 시대상, 주제 등을 설명해 놓았습니다. 비판적 글읽기의 바탕이 되는 요소들이죠. 비판적 글읽기는 소설과 비소설 작품을 막론하고 책을 읽을 때 꼭 필요한 자질입니다.

그 밖에도 작품을 좀더 심오하게 분석할 수 있도록 '마무리 노트', 'Review' 등을 마련해 놓아 독자 여러분의 글읽기를 돕고 있습니다.

CliffsNotes에는 특히 관심을 갖고 읽어야 할 필수요소를 강조하기 위해 다음 네 가지 아이콘을 사용하고 있습니다.

작품 속에 내재된 주제를 드러내줍니다.

등장인물의 속내를 알 수 있도록 도와줍니다.

배경, 분위기, 열정, 폭력, 풍자, 상징, 비극, 암시, 불가사의 등의 요소를 밝혀줍니다.

단어와 문구의 미묘한 느낌을 감상할 수 있도록 해줍니다.

＊〈 　〉는 장편소설, 중편소설, 논픽션, 시집. " "는 수필집, 단편소설

❂ 일이관지(一以貫之) 논술 노트

권말에는 一以貫之 논술팀에서 작성한 논술 노트가 실려 있습니다. 원작을 우리의 삶과 연계시켜 비판적 사고와 논리적 글쓰기의 방향을 제시합니다.

❂ 실전 연습문제

실전 연습문제를 통해서는 원작을 바탕으로 출제 가능성이 높은 논점을 함께 숙고해 봅니다.

작가 노트

작가의 생애 ○

작가의 생애

● 성장배경

　　최고의 영어 문장가 중 한 사람인 조셉 콘래드 Joseph Conrad는 폴란드령 우크라이나 지방인 포돌리아에서 태어났다. 본명은 테오도르 유제프 콘래드 나웨치 코르제니오프스키. 폴란드는 1024년 이래 로마가톨릭 왕국이었지만 18세기 말 러시아, 프러시아, 오스트리아의 침공을 받아 분할되고, 또 분할되면서, 콘래드가 출생(1857년 12월 3일)할 무렵에는 그 면적이 예전의 3분의 1에 불과했다. 폴란드는 1795년의 실패한 봉기를 주도했던 타데우슈 코시치우슈코 같은 민족주의자들의 노력에도 불구하고 다른 나라들의 지배를 받았다. 콘래드가 태어났을 때는 러시아가 점령하고 있었다.

　　콘래드의 어린 시절은 주로 독립투쟁에 영향을 받았다. 아버지 아폴로 코르제니오프스키는 토지를 소유한 중산층인 젠트리로 이루어진 세습계급 슐라흐타에 속했다. 그는 러시아가 조국을 억압하고 있는 상황을 몹시도 혐오했다. 콘래드가 출생할 무렵에는 아버지가 봉기에 참여한 적이 있어서 땅을 러시아 정부에 강탈당했다. 1863년, 아버지와 콘래드의 외삼촌은 러시아의 지배에 항거하는 봉기 계획을 도왔다. 외삼촌도 (러시아가 지배하는) 군복무를 중단하고 투옥되었다. 또 다른 두 명의 삼촌 역시 앞서 말한 반란 계획에 동조했다. 이런 모든 정치적 소요가 어린 유제프를 불안하게 만들었을 것은 쉽게 짐작할 수 있다. 그는 가족이 그런 위험한 일에 빠져드는 것을 지켜보며 있을 수밖에 없었다. 강한 자는 약한 자를 억압하며 약한 자는 반란을 일으킬 힘이 없다는 생각은 〈어둠의 심연 *Heart of Darkness*〉의 표면에 드러나 있다. 작품에서 백인 무역상인들은 부와 권력을 얻고자 콩고인들을 닥치는 대로 죽인다.

콘래드의 아버지 역시 정치적 소책자, 시, 풍자극을 쓴 작가이자 번역가였다. 그러나 폴란드의 자유를 위한 욕구를 표출하다가 마침내 1861년에 러시아 당국에 체포되어 투옥되었다. 1862년에는 아내(콘래드의 어머니) 에바 역시 남편의 반러시아 활동을 도운 혐의로 체포되었다. 두 사람은 러시아 북부의 도시 볼로그다로 추방형을 선고받았다. 추방 생활은 힘들고 고통스러웠다. 에바와 아폴로는 1865년과 1869년에 각각 결핵으로 세상을 떠났다. 겨우 열두 살 난 콘래드는 당연히 실의에 빠졌다. 건강은 나빠졌고, 폐 염증과 간질성 발작을 자주 겪었다. 그의 좋지 못한 건강은 남은 생애 동안 계속 이어졌다. 폴란드는 1919년에 독립을 쟁취했다. 아폴로 같은 애국자들이 그 최후의 승리에 도움이 되었지만, 이들의 순국으로 (콘래드 같은) 고아나 미래가 없는 아이들이 많이 생겨났다.

●바다의 부름

　　콘래드는 아버지가 죽은 후 폴란드의 크라코프로 돌아와 외삼촌의 보호를 받았다. 외삼촌은 콘래드를 학교에 보냈으며, 나중에 가정교사의 지도 아래 제네바로 보냈다. 그러나 그는 시원찮은 학생이었다. 그리스어, 라틴어, 수학과 지리를 배웠음에도 불구하고 정규 과정을 끝내지 못했다. 교육에 대한 무관심은 독서로 보충했다. 그는 십대 초에 많은 책을 읽었는데, 특히 찰스 디킨스의 소설과 해상생활에 관한 모험담을 쓴 영국소설가 프레데릭 매리엇 선장의 인기 있는 책을 번역판으로 탐독했다. (그는 또한 프랑스 책을 폭넓게 읽었다.)

　　매리엇의 소설은 열여섯 살 된 콘래드에게 상선의 선원으로 세계를 여행하겠다는 욕망(육지로 둘러싸인 나라에서 성장한 소년에게는 별난 소망)을 갖도록 어느 정도 자극을 주었을 것이다. 1874년, 외삼촌은 그가 폴란드를 떠나 기차로 프랑스의 항구도시 마르세유로 가서 프랑스 상선의 승무원이 되는 것을 마지못해 허락했다. 콘래드는 1875-78년에 서인도 제도를 세 차례 항해했다. 이 시기에 그는 부르봉 가의 카를로스를 스페인 국왕으로 옹립하려는 카를로스주의자들을 위해 총을 밀수했다. 1878년에는 우울증에 걸렸는데, 도박 빚을 진 데다 정식 허가와 관련한 거짓말 때문에 모든 프랑스 배에 승선이 금지된 것이 일부 원인이었다. 그는 자살을 기도했지만 실패했다. (일부 사람들은 자살 기도가 채권자들의 손아귀를 벗어나기 위해 꾸민 책략이라고 주장한다.) 그해 말에는 영국 배를 타고 로웨스토프트의 동쪽 항구도시로 가서 로웨스토프트와 뉴캐슬 사이를 항해하는 배의 승무원이 되었다. 이 시기에 그는 영어를 배웠다. 선원으로 성공하려는 콘래드의 결심은 대단했다. 그는 평범한 선원으로 시작했지만 1886년에는 아시아로 항해했고, 자기 배의 선장이 되었다. 그 후 그는 영국 신민이 되고 이름을 조셉 콘래드로 바꿨다. (일부 이유는 폴란드로 돌아가 러시아 군대에서 복무하는 것을 피하기 위해서였다.)

1888년에 콘래드는 선장의 유고(有故)로 방콕에 정박하고 있는 오타고 호를 지휘했다. 그는 매일 반복되는 선원 생활을 몹시 싫어했으며, 유명해진 후에는 결코 배를 소유하지 않았다. 그러나 바다는 콘래드에게 먹고 살 기회를 제공했다. 1890년 콘래드는 중앙아프리카 콩고 강에서 증기선을 조종했다. 일부는 모험 때문에, 그리고 일부는 돈벌이가 절박했기 때문에 그 지역에 이끌렸다. 그곳에서 일하는 동안 그는 믿을 수 없을 정도의 야만, 질병, 비인간성을 목격했다. 이 여행에 대한 기억은 궁극적으로 그의 가장 유명한 소설 〈어둠의 심연〉의 토대가 되었다. 이 무렵 콘래드는 자신의 해상 모험을 소설로 쓸 생각을 하고 있었다. 그리고 1890년대 초에 쓴 〈올메이어의 어리석음 *Almayer's Folly*〉을 마침내 1895년에 출판했다.

첫 소설의 성공으로 그는 바다를 떠나 소설가로서의 새로운 모험을 시도하게 되었다. 영국에 정착한 그는 1896년에 제시 조지와 결혼했으며, 본격적으로 글을 쓰기 시작했다.

● 선원에서 작가로

콘래드는 〈올메이어의 어리석음〉을 출판한 이후 많은 소설을 연이어 발표했다. 그 소설들 중 상당수는 선원들과 도덕적 모호성과 인간 정체성의 본질을 탐구하기 위한 항해에 관한 내용이었다. 〈나르시서스 호의 깜둥이 *The Nigger of the "Narcissus"*〉(1897)는 결핵에 걸린 흑인 선원의 임박한 죽음이 동료들에게 미치는 심오한 영향을 다루고 있다. 〈로드 짐 *Lord Jim*〉(1900)은 비겁한 행동의 결과와 도덕적 영향이 어떻게 한 사람을 죽을 때까지 따라다니는지 탐구한다. (로드 짐의 이야기는 〈어둠의 심연〉의 화자인 말로가 들려준다.) 1902년에는 말로 자신이 벨기에령 콩고와 인간의 '어둠의 심연'으로 여행한 이야기를 쓴 〈어둠의 심연〉이란 짧은 소설을 출판했다. 이 세 권의 책은 모두 당대에 높은 평가를 받았으며, 오늘날에도 널리 읽히고 연구되고 있다. 1904년에는 남아메리카 공화국에 관한 가상의 복잡한 이야기 〈노스트로모 *Nostromo*〉를 내놓았다. 콘래드는 많은 작품을 발표했지만 가족이 경제적 어려움을 겪지 않도록 끊임없이 글을 써야 했다. 그처럼 쫓기는 생활은 1910년 미국 변호사 존 퀸이 그의 원고를 모두 사들이고 약간의 연금을 지불하면서 나아졌다.

콘래드는 여행 이야기를 계속 쓰는 한편, 관심사를 정치적 음모에 관한 소설들로 돌렸다. 〈밀정 *The Secret Agent*〉(1907)은 그리니치 천문대를 폭파하려는 일단의 무정부주의자들 이야기다. 19세기의 제정러시아가 배경인 〈서구인의 눈으로 *Under Western Eyes*〉(1911)는 정부 관료를 암살한 친구를 당국에 밀고하는 학생의 삶을 추적한다. 그의 단편 "은밀한 공유자 The Secret Sharer"(1912)는 '생령(生靈)의 주제'(한 남자가 자신의 비유적인 생령을 만나는 이야기)를 이용해 인간 정체성의 본질과 모든 인간의 본질적인 고립을 시험한다. 〈기회 *Chance*〉(1913)는 비평적 · 재정적으로 큰 성공을 거두었는데, 〈어둠의 심연〉처럼 (말로와 같은) 순진한 사람이 자신의 주변을 둘러싸고 있는 공포로 인해 어떻게 무자비해지는지를 탐구한다. 이처럼 콘래드적인 주제들을 다룬 작품으로는 (포드 매독스 포드와 공저한) 〈상속인들 *The Inheritors*〉(1901), 〈승리 *Victory*〉(1915), 〈섀도라인 *The Shadow-Line*〉(1917)이 있다. 또한 자서전 〈바다의 거울 *The Mirror of the Sea*〉(1906), 〈개인적 기록 *A Personal Record*〉(1912), 〈삶과 편지 *Notes on Life and Letters*〉(1921) 등이 있는데, 모두 그의 선원 시절과 작가로서의 성장을 다루고 있다.

콘래드는 1924년 8월 3일 심장병으로 사망했다. 그는 캔터베리 묘지에 안장되었으며, 유족으로는 아내와 두 아들(보리스와 존)이 있었다. 콘래드는 자기 작품들의 성격에 대해 "진실의 모든 양상에 기초가 되는 다양하면서도 하나인 진실에 빛을 부여함으로써 가시적인 우주에 최고의 정의를 부여하려는 한결같은 시도(〈나르시서스 호의 깜둥이〉의 서문)"라고 정의했다.

작품 노트

작품의 개요: 애매성과 흐릿함

〈어둠의 심연〉은 원래 1899년에 블랙우드 매거진에 연재물로 실렸고, 1902년 콘래드가 〈청춘 *Youth*〉이란 제목을 붙인 책의 세 번째 작품으로 출간되었다. 그 후 이 소설은 수많은 독자와 비평가들을 매혹시켰다. 그들은 주인공 말로가 직면하는 공포에 대한 인식을 극적으로 표현하기 위해 애매성과 (콘래드 자신의 말로 하자면) '흐릿함'을 구사하는 방식에 주목하며 영국 소설을 20세기로 이끈 중요한 작품으로 여겼다.

그러나 영국 소설가 E. M. 포스터는 다른 비평가들이 흥미롭게 여긴 바로 그 애매성을 비난했으며, 아프리카 소설가 치누아 아체베는 그 작품과 콘래드를 유럽 인종주의의 실례(實例)로 조롱했다.

콘래드는 1890년에 콩고를 항해했다. 그때 그는 이 소설의 말로처럼 콩고 강에서 증기선을 조종했다. 콘래드는 1917년의 서문에서 '〈어둠의 심연〉은… 실제 있었던 일들을 약간 (그것도 아주 약간만) 넘어선 경험'이라고 썼지만 수많은 전기적 사실들이 녹아들어 있다. 예를 들자면, 작가는 말로처럼 항상 '바다를 쫓아다니고자' 열망했으며, 무역회사에 일자리를 구하는 데 먼 친척의 아내가 도와주었으며, 전임 선장이 (이 소설의 프레슬레븐처럼) 원주민들과 싸우다 살해되었고, 커츠와 유사한 야만적 성향을 드러내 보이는 여러 사람들을 만났다.

〈어둠의 심연〉을 흥미로운 여행담과 공포에 대한 충격적인 묘사 이상으로 만드는 것은 말로가 오지에서 일어나고 있는 일을 점차적으로 이해해가는 과정을 미묘한 방식으로 자세하게 그려내는 방식이다. 주인공 말로는 많은 유럽인들처럼 모험을 열망하고 유명한 탐험가 헨리 스탠리*의 글에 관심을 기울였다. 그러나 말로는 콩고에 도착해 끔찍한 '일'이 일어나는 것을 보자마자 더 이상 안락한 문명의 보호막 아래 숨을 수 없다. 그 대신 커츠로 대표되는 유럽 상인들과 대리인들이 유발하는 모든 공포는 그에게 자신의 영혼을 들여다보고 거기에 어떤 어둠이 도사리고 있는지 발견하게끔 한다. 이 소설의 전반부에서 말로는 "이 일의 본질적인 부분들은 내가 닿을 수 없는 표면 아래 깊숙이 놓여 있다"고 말한다. 하지만 여행이 끝날 무렵 그는 '표면' 아래를 얼핏 보고 한때는 고결했던 커츠 같은 사람들조차 저지를 수 있는 비인간성을 발견하게 된다.

현대인들이 가장 주목할 만한 제국주의와 대량학살의 실례 중 하나가 19세기 말에 자행되었다. 벨기에의 레오폴드 2세(1865-1909 재위)는 돈과 땅과 권력에 만족할 줄 모르는 탐욕을 지녔으며, 그것들을 추구하기 위해 아프리카

---

* **헨리 스탠리**(Henry Morton Stanley, 1841-1904): 19세기 영국의 아프리카 탐험가·언론인. 나일 강의 원천 빅토리아 호를 발견했다.

를 주시했다. 그는 다른 많은 유럽인들처럼 스탠리가 쓴 아프리카 보고서들에 끌렸다. 〈나는 리빙스턴을 어떻게 발견했는가? *How I Found Livingstone: Adventures and Discoveries in Central Africa*〉(1872)와 〈암흑 대륙 *Through the Dark Continent*〉(1878)은 베스트셀러가 된 여행담이었다. 레오폴드는 일련의 책략과 그의 관대함을 알리는 엄청난 선전을 통해 마침내 아프리카의 콩고 지역을 식민지로 확보하고, 1885년 5월 20일에는 국가의 이름을 콩고 자유국으로 명명했다. 아프리카의 이 거대한 지역은 1960년까지 벨기에의 지배하에 있었다.

콩고는 몇 가지 이유에서 레오폴드 2세에게는 완벽한 식민지였다. 첫째, 상아와 고무가 풍부했다. 둘째, 그곳에서 유일한 법은 레오폴드의 법이었다. 비록 레오폴드는 당대 유럽인들에게 박애주의자와 인도주의자 행세를 했지만, (콩고를 방문하지도 않고) 멀리서 탄압으로 그곳을 지배했다. 셋째, 노동력이 풍부했다. 레오폴드에게 더욱 중요한 점은, 그의 대리인들이 고문과 협박을 써서 콩고인들의 노동력을 자유롭게 이용할 수 있다는 것이었다. 예를 들자면, 여자들을 납치해 남편과 아들들이 고무를 충분히 모아올 때까지 붙잡아두었다. 넷째, 운영비가 거의 들지 않았다. 대리인들을 위해서는 오두막과 진흙집을 지어주었으며, 콩고를 가로지르는 철도망의 건설 덕분에 공급물을 다른 기지들로 재빨리 운반할 수 있었다. 마지막으로, 그 식민지는 유럽에서 수천 마일 떨어져 있었다. 따라서 사람들은 보지 못하는 것을 비난할 수는 없었다.

레오폴드의 대리인들은 원주민들을 착취해 가능한 한 많은 돈을 벌어들이려고 무질서하고 무자비하고 가증스러운 힘을 발휘했다. 종종 그들은 원주민을 치코테라는 햇볕에 말린 하마가죽 채찍으로 때리고, 손과 머리를 자르고, 한 번에 수십 명씩 죽였다. 콩고에 관한 연구서인 〈레오폴드 왕의 유령 *King Leopold's Ghost*〉에서 역사가 아담 혹스차일드는 레오폴드가 콩고를 약탈한 기간 동안 인구가 1,000만 명이나 감소했다고 한다. 질병, 굶주림, 낮은 출생률, 공공연한 살인이 모두 결합해 콩고를 〈어둠의 심연〉이 '악몽'으로 묘사한 상태로 바꿔놓았다. E. D. 모렐과 로저 케이스먼트 경처럼 그곳에서 자행된 잔학행위를 목격한 일부 사람들은 반(反)레오폴드 활동가로 유명해졌으며, 레오폴드의 통치를 끝내려는 운동을 전개해 어느 정도 성공을 거두었다. 그리고 조셉 콘래드가 〈어둠의 심연〉을 쓴 것처럼, 그들이 본 것을 예술로 승화시킨 목격자들도 있었다.

레오폴드가 장악한 콩고와 그곳에 거주했던 사람들―백인과 흑인들―은 콘래드의 소설에 나타나 있다. 예를 들자면, 말로를 고용하는 그 불길한 회사는 레오폴드의 아프리카 지배를 거의 그대로 묘사하고 있다. 레오폴드의 대리인들은 콩고에 도착하자마자, 말로가 묘사하는, 부를 찾고 있는

'신앙심 없는 순례자들'이 된다. 그리고 말로가 외곽 출장소에서 보는 쇠줄에 묶인 무리는 레오폴드의 대리인들이 자행한 노예제도를 얼핏 보여준다. '반란'을 꾀한 자들의 머리를 그의 오두막을 둘러싸고 있는 기둥에 매달아놓는 것을 포함해 수많은 야만행위를 저지르는 '일급 대리인' 커츠는 콘래드가 목격하는 집단 공포의 구현체다. 말로가 넬리 호의 선상에서 말하듯이, "이 땅 위의 눈부신 햇살 속에서 나는 살이 축 늘어지고 위선적이며, 시력은 약하지만 탐욕스럽고 무자비한 우둔으로 가득 찬 악마와 사귀게 되었다." 이 글에서 '악마'는 레오폴드로 하여금 콩고와 그 주민들을 20년 이상이나 조직적으로 강탈하도록 자극한 탐욕이다.

줄거리

템스 강 연안에 닻을 내리고 있는 영국 배 넬리 호의 선상. 네 사람, 즉 정체를 밝히지 않은 이 이야기의 화자, 회사[*] 중역, 회계원, 말로가 조용히 앉아 있다. 말로는 그 세 사람에게 증기선을 타고 콩고 강을 여행한 이야기를 들려주기 시작한다. 이 소설의 나머지 부분에서 (드물게 이야기가 중단되기는 하지만) 말로는 그의 이야기를 한다.

---

[*] 말로가 콩고에서 근무했던 회사와는 다른 회사. 역자 주.

젊은 말로는 아프리카의 콩고 강에서 증기선을 몰고 싶어한다. 말로는 콩고에서 활동하는 거대한 상아 무역회사를 알게 되자 지원해 일자리를 얻고, 프랑스 증기선을 타고 유럽을 떠난다.

말로는 콩고에 있는 회사의 외곽 출장소에서 야만과 혼돈과 낭비의 장면들을 목격한다. 말로는 한 회계원과 말을 한다. 그는 회계원의 깨끗한 옷과 고결한 태도에 매혹된다. 말로는 그 회계원을 통해 내륙에서 일하고 있는 '주목할 만한' 대리인 커츠에 대해 처음으로 알게 된다. 말로는 외곽 출장소에서 아프리카를 횡단하는 200마일의 여행을 떠나 마침내 회사의 중앙 출장소에 도착한다. 그곳에서 그가 콩고 강에서 운항하기로 되어 있는 증기선이 강바닥에 좌초해 있는 사실을 알게 되자 실망한다. 말로는 배가 수리될 때까지 중앙 출장소에서 기다려야 하는 신세가 된다.

회사 지배인을 만난 말로는 커츠에 대해 더 많은 이야기를 듣게 된다. 지배인은, 커츠가 병이 난 것 같다며 몹시 염려하는 체한다. 그러나 말로는 나중에 지배인이 커츠에게 보낼 보급품을 차단하기 위해 일부러 그 배를 고장낸 것이 아닌가 의심한다. 또한 말로가 만난 벽돌공은 벽돌 재료가 바닥나 불필요해 보이는 사람이다. 3주 후 지배인의 삼촌이 이끄는 엘도라도 탐사 원정대라는 한 무리의 상인들이 도착한다.

어느 날 밤, 말로는 인양된 증기선 갑판에 누워 있다가

지배인과 그의 삼촌이 커츠에 대해 말하는 것을 우연히 듣게
된다. 지배인은 커츠가 자기 자리를 빼앗을까봐 두려워하고
있는 것 같다. 그러나 그의 삼촌은 커츠를 '없애는' 밀림의 힘
을 믿으라고 말한다.

마침내 배가 수리되고, 말로는 (지배인과 몇 명의 대리
인, 식인종 승무원과 함께) 중앙 출장소를 떠나 커츠를 구하러
간다. 그들은 커츠의 내륙 출장소에서 50마일 정도 떨어진 곳
에서 갈대로 만든 오두막과 장작더미와 〈선박 조종술에 관한
연구〉란 제목의 영어책을 발견한다.

말로의 증기선은 커츠에게 다가가다가 화살 세례를 받
는다. 백인들이 밀림을 향해 소총을 쏘는 동안 말로는 배를 조
종하려고 애쓴다. 원주민 키잡이가 큰 창에 맞아 죽자 사람들
이 배 밖으로 내다버린다. 그들을 공격하고 있는 바로 그 원주
민들이 이미 내륙 출장소를 습격했을 것이라고 추측한 말로는
커츠와 이야기를 나눌 기회가 사라졌다고 실망한다.

내륙 출장소에 도착한 말로가 망원경으로 커츠의 건물
을 살펴본다. 울타리는 없지만 '공'으로 장식된 기둥들이 늘어
서 있는데, 나중에 알고 보니 그 공들은 원주민들의 머리였다.
말로가 '어릿광대'라고 부른 러시아 상인이자 커츠의 제자가
증기선으로 다가와 말로에게 커츠가 아직 살아 있다고 말한다.
말로는 이전에 본 오두막집이 어릿광대의 집임을 알게 된다.
어릿광대는 "그분은 내 마음을 넓혀주셨습니다"라며, 커츠의

지혜에 대해 열변을 토한다.

그는 원주민들이 커츠가 떠나는 것을 바라지 않기 때문에 증기선을 공격했다고 말한다. 갑자기 한 무리의 원주민들이 커츠를 들것에 싣고 다가오는 것이 보인다. 커츠는 오두막 안으로 운반되고, 말로는 그에게 다가가서 몇 통의 편지를 건넨다. 말로가 보기에 커츠는 연약하고 병이 들고 대머리다. 오두막에서 나온 말로는 '사납고 근사한' 원주민 여자가 증기선으로 다가가는 것을 본다. 어릿광대는 말로에게 그 여자가 커츠의 정부라고 넌지시 알려준다. 말로는 커츠가 커튼 뒤에서 "날 구하겠다고! 상아를 구한다는 뜻이겠지"라며, 지배인을 꾸짖는 소리를 듣는다. 어릿광대는 커츠가 증기선에 타면 무슨 일이 일어날지 두려워하며, 말로에게 담배와 소총 탄창을 청하고는 카누로 떠난다.

그날 저녁 한밤중에 말로는 큰 북소리를 듣고 잠을 깬다. 그는 커츠의 오두막을 살펴보고 그가 없어진 것을 발견한다. 밖으로 달려 나간 말로는 풀 위에 나 있는 자국을 보고 커츠가 기어서 달아나고 있다는 것을 알게 된다. 그가 커츠에게 다가가자 커츠는 그에게 도망치라고 경고한다. 그러나 말로는 커츠를 일으켜 세워주고 다시 오두막으로 데려간다.

다음날, 말로와 승무원과 커츠가 내륙 출장소를 떠난다. 그들이 내륙 출장소에서 멀리 벗어났을 때 커츠의 건강이 악화된다. 한 지점에서 증기선이 난파되고, 커츠는 말로에게 편지 한 뭉치와 사진 한 장을 건네며 지배인의 손에 들어가지 않도록 잘 간직해 달라고 부탁한다. 말로는 그러마고 답한다.

어느 날 밤 말로가 커츠에게 간다. 그는 조타실에서 들것에 실린 채 '죽음을 기다리며' 누워 있다. 커츠에게 죽지 않을 것이라고 안심시키려 애쓰던 말로는 커츠가 "공포다! 공포!"라고 속삭이는 마지막 말을 듣는다. 다음날, 커츠는 해안가의 진흙구덩이에 매장된다.

유럽으로 돌아온 말로는 다시 브뤼셀을 방문하지만 그곳 유럽인들에게 있었던 이야기를 할 수 없다는 것을 알게 된다. 한 회사 직원이 말로에게 접근해 커츠가 맡긴 서류 뭉치를 달라고 요구한다. 말로는 처음에 거절하지만, 만습(蠻習)퇴치협회에 보내는 커츠의 보고서를 오싹한 후기("야만인들을 몰살하라!)"를 찢어내고 준다. 그는 커츠의 어머니가 커츠의 약혼녀의 부양을 받다 세상을 떠났다는 것을 알게 된다.

커츠에 대한 말로의 마지막 의무는 그 약혼녀를 방문해 편지와 그녀의 초상화를 전해 주는 것이다. 그가 그녀의 집을 찾아갔을 때 그녀는 상복을 입은 채 여전히 커츠의 죽음에 망연자실해 있다. 말로는 무심코 커츠가 죽을 때 함께 있었다고 말한다. 약혼녀가 그의 마지막 말을 들려달라고 하자 "그분께서 마지막 하신 말씀은… 당신 이름이었습니다"라고 거짓말을 한다. 약혼녀는 그럴 줄 '알고' 있었다고 말한다. 말로는 거짓말을 할 수밖에 없었지만 언짢은 기분을 느끼며 그곳을 떠난다.

　넬리 호 선상에서 화자가 자신의 이야기를 다시 시작한다. 회사 중역은 조류(潮流)에 대해 말을 한다. 화자는 흐린 하늘과 템스 강을 바라보는데, 강은 '거대한 어둠의 심연으로' 뻗어나가는 것 같다.

등장인물

찰리 말로 *Charlie Marlow* '바다를 쫓아다닌' 32세의 남자. 이 인물이 콩고 강을 항해한 이야기는 이 작품의 거의 전부를 차지한다. 그는 커츠를 구출하기 위해 파견된 증기선을 조종하며, 유럽 무역상인들이 원주민들에게 한 짓을 보고 충격받는다.

커츠 *Kurtz* 회사의 상아 무역상. 커츠는 내륙 출장소에서 일하며 상아를 아주 효율적으로 수집한다. 그는 교육을 잘 받은 유럽인으로서 '만능 천재'로 묘사되어 있으며, 콩고에서의 일을 고결한 임무의 일부로서 시작한다. 그러나 밀림에서 지내는 동안 그는 원주민들에게 신으로 행세한다. 말로가 그에게 도착할 무렵 그는 쇠약하고 죽음이 임박해 있다.

지배인 *The Manager* 중앙 출장소에서 일하고 있다. 그는 콩고에서의 회사 활동을 감독한다. (그는 실제 인물인 카미유 델코뮨의 이야기에 바탕을 두고 있다.) 지배인은 다른 사람들에게 불안감을 조성하는 재능이 있다. 말로는 후에 그가 증기선을 고장냈다고 생각한다. 지배인은 커츠가 그의 일자리를 빼앗지 않을까 두려워한다.

회계원 *The Accountant* 역시 중앙 출장소에서 일하고 있다. 그는 찌는 듯한 더위 속에서도 깨끗한 옷을 입고 지내며, 그의 사무실에 옮겨놓은 임종을 앞둔 사람의 신음소리 때문에 마음이 산란해지고 회사 장부를 정확하게 기재할 수 없다고 불평한다. 그는 또한 말로에게 회사의 은밀한 업무를 조금 이야기해 준다.

벽돌공 *The Brickmaker* 그의 이름이 그의 업무를 말해 주지만 벽돌공은 재료가 부족해서 벽돌을 전혀 만들지 않는다. 말로는 중앙 출장소에서 벽돌공을 만날 때 그가 회사의 계획에 대한 정보를 얻기 위해 자기를 유도심문하는 게 아닌가 하고 의심한다.

어릿광대 *The Harlequin* 밀림에서 커츠와 함께 있는 러시아 자유계약 상인. 그는 커츠를 몹시 존경하며, 말로에게 "이 사람은 내 마음을 넓혀주셨습니다"라고 말한다.

커츠의 원주민 정부 *Kurtz's Native Mistress* 커츠를 잘 보호하며, 그가 중앙 출장소를 떠날 때 강둑에서 앞장서 노래를 부른다. 그녀는 밝은 색 옷을 입는다.

'순례자들' *The 'Pilgrims'* 교역소로 승진될 기회를 기다리고 있는 중앙 출장소의 유럽인 대리인들. 승진하면 그들이 선적하는 상아의 일정 지분을 받을 수 있게 된다.

키잡이 *The Helmsman* 말로의 증기선의 원주민 키잡이. 배가 공격당하는 동안 창에 맞아 죽는다.

의사 *The Doctor* 브뤼셀에 있을 때 말로는 회사의 본사에 있는 의사에게 진찰을 받는다. 그는 밀림이 유럽인의 마음에 미치는 영향과 거주민들에게 미치는 자제력 상실에 관심이 있다.

말로의 숙모 *Marlow's Aunt* 회사 고위 관리의 아내에게 영향력을 행사해 말로가 그 회사의 증기선 선장이 되도록 도와준다.

커츠의 약혼녀 *Kurtz's Intended* 새침하며, 약혼자 커츠의 죽음을 애도하는 젊은 여자. 말로는 유럽으로 돌아온 후 그녀를 방문해 약혼자의 마지막 말을 거짓으로 전한다. 그녀는 상복을 입고 있다.

화자 *The Narrator* 넬리 호에 타고 있는 익명의 남자. 그는 말로의 이야기를 독자에게 전하고 있다.

등장인물 관계도

회계원
말로
커츠
지배인
어릿광대
약혼녀
놀란다
매료된다
젊은 인상을 남기려 한다
기억적인 파리로 의심한다
시기한다
경멸한다
숨진함을 안타까워한다
신처럼 경배한다
헌신한다

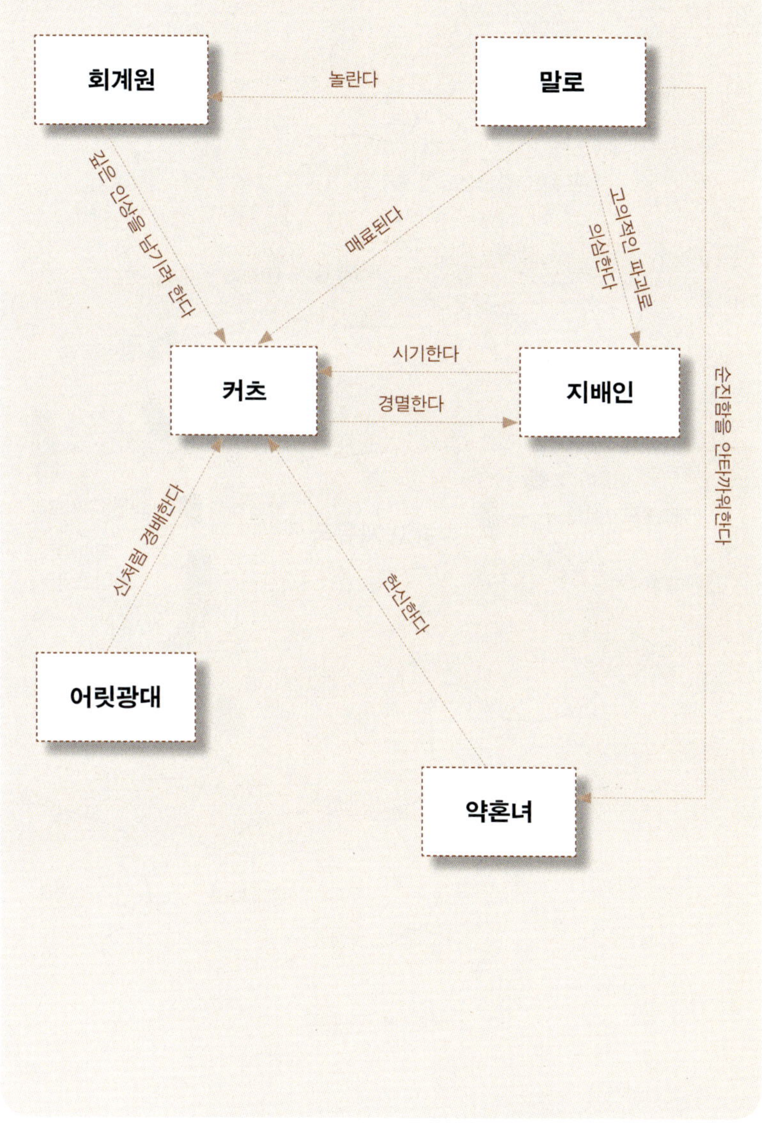

1900년대 콩고

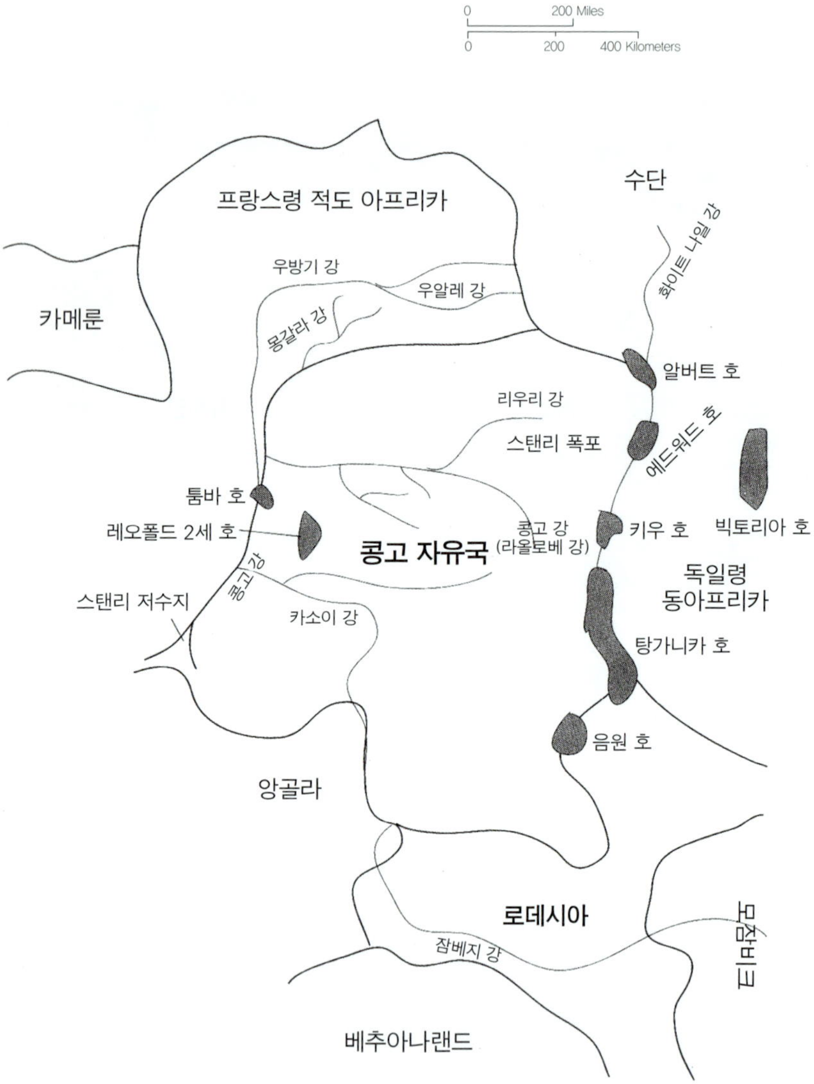
0
200 Miles
0
200
400 Kilometers
프랑스령 적도 아프리카
수단
화이트 나일 강
카메룬
우방기 강
우알레 강
몽갈라 강
알버트 호
리우리 강
스탠리 폭포
에드워드 호
툼바 호
레오폴드 2세 호
콩고 강
(라왈로베 강)
키우 호
빅토리아 호
콩고 자유국
콩고 강
독일령
동아프리카
스탠리 저수지
카소이 강
탕가니카 호
음원 호
앙골라
로데시아
모잠비크
잠베지 강
베추아나랜드

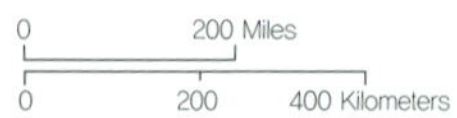

Part별
정리
노트

제 1 부

커츠를 찾아서

런던의 템스 강에 정박중인 작은 배 넬리 호의 선상. 강 위로 배들이 느리게 움직인다. 무명의 화자는 밀물이 되기를 기다리며 그와 함께 갑판에서 빈둥거리는 동료들에게 런던의 역사를 간략하게 설명해 준다. 회사의 중역(그 배의 선장), 변호사, 회계원, 그리고 말로가 그 자리에 있다. 해가 지자 네 사람은 생각에 잠긴다. 마침내 말로가 침묵을 깨고 콩고에서의 항해에 대해 이야기한다.

말로가 생각을 정리하는 동안 다른 사람들은 잠자코 있는다. 잠시 후 그가 이야기를 시작한다. 이 소설의 나머지 부분은 말로가 넬리 호의 선상에서 말하는 내용을 화자가 전달하고 있다. 따라서 콘래드의 소설은 '액자 이야기' 다시 말해 '이야기 속의 이야기'다.

소년 시절에 말로는 지도에 매혹되었으며, 지구에서 가장 멀리 떨어진 곳들을 방문할 수 있는 선원이나 탐험가가 되기를 열망했다. 젊은 시절에는 약 6년 동안 태평양에서 배를 탄 후 런던으로 돌아왔다. 그리고는 런던의 한 가게 창문에서 아프리카와 콩고 강의 지도를 보았다. 말로는 대륙무역회사가 콩고에서 사업을 한다는 뉴스를 떠올리고, 아프리카에서 모험을 찾기 위해 증기선을 조종하기로 결심한다. 그는 그 회사의 중역 부인을 알고 있는 숙모에게 수로안내인 일자리를 얻을 수 있도록 도움을 요청했고, 그녀는 기꺼이 들어주었다.

말로는 브뤼셀에 있는 본사에서 계약서에 서명하기 위해 서둘러 영

국해협을 건넌다. 두 여자가 뜨개질을 하고 있는 사무실을 지나쳐 들어간 그는 채 1분도 안 걸려 사장과 이야기를 하고 물러나와, 거래상의 비밀을 누설하지 않겠다는 여러 장의 서류에 서명하라는 요구를 받는다. 말로는 마침내 콩고 강 어귀에 도착했다. 말로는 그가 맡을 증기선이 기다리는 곳으로 데려다줄 작은 배를 타고, 스웨덴인 선장과 그 회사와 밀림이 백인들에게 미치는 영향에 대해 이야기를 나눈다. 그 선장은 자기가 상류로 데려다준, 길에서 자살한 남자에 대한 짧지만 불길한 이야기를 해준다. 충격을 받은 말로가 이유를 묻자, 아마 '태양'이나 그 '나라'를 감당하지 못했으리란 말만 듣는다. 마침내 그들은 회사의 외곽 출장소에 도착했다. 그곳은 바위 경사면에 자리한 세 채의 목조 건물로 이루어져 있었다. 이 출장소에서는 회사의 가장 중요하고 수지맞는 상품인 상아가 선적된다.

말로는 열흘 동안 그를 중앙 출장소(와 그의 증기선으)로 데려다줄 대상(隊商)을 기다리며 보낸다. 그 동안에는 회계원을 자주 만났고, 때로는 커다란 '찌르는 듯한' 파리들을 피해 회계원의 사무실에 앉아 있곤 했다. 병이 든 유럽인을 실은 들것이 임시로 회계원의 방에 들어오자 회계원은 신음 소리 때문에 산만해져서 장부를 잘못 기재할 위험이 높아졌다고 불평한다. 그 회계원은 말로의 최종 목적지가 콩고 내륙지역이라는 것을 알고서 말로가 '의심할 여지없이 커츠 씨를 만날 것'이라고 암시했다. 커츠는 내륙 깊숙이 위치한 믿기지 않을 정도로 수지맞는 상아 기지를 책임진 회사 대리인이었다. 회계원은 커츠를 가리켜 다른 출장소들을 모두 합친 것보다 더 많은 상아를 가져다주는 '일급 대리인'이며 '비범한 사람'이라고 했다. 그리고는 말로에게 외곽 출장소에서는 모든 일이 순조롭게 진행되고 있다는 말을 커츠에게 전해 달라고 부탁하고, 커츠는 본사의 고위직 후보로 물망에 올라 있다고 암시했다.

이 대화가 있은 다음날 말로는 60명의 대상과 함께 외곽 출장소를 떠나 중앙 출장소를 향해 200마일이나 되는 '도보여행'을 시작했다. (그 사람들은 장비와 식량과 물을 운반하는 원주민 짐꾼들이다.) 말로는 밀림에서 갈라지는 무수한 길과 길가에 버려진 여러 마을들을 보았다. 길을 '경비'하고 있다고 주장하는 술 취한 백인과 머리에 총을 맞은 원주민의 시체도 보았다. 한 백인 동행자는 체중이 많이 나가는 사람이었는데, 열로 기절해 해먹에 실어 운반해야 했다. 해먹에 목의 살갗이 벗겨진 그는 원주민들이 해먹을 떨어뜨리자 말로에게 그들을 처벌하라고 우긴다. 하지만 말로는 중앙 출장소에 도착할 때까지 앞길을 재촉할 뿐이다. 그곳에서 '흥분 잘 하는 녀석'이 그에게 증기선이 강바닥에 걸려 있다고 알려준다. 이틀 전에 어떤 '자원한 선장'이 말로의 도착에 맞춰 배를 준비해 두기 위해 상류로 운행하다가 배의 바닥이 망가졌다는 것이다.

말로는 중앙 출장소에서 하는 일 없이 시간을 보낼 수밖에 없다. 외곽 출장소와 관련해 그랬던 것처럼, 그는 넬리 호 선상에서 그 장소에 대해 느낀 인상을 이야기한다. (비록 말로는 어디에서도 벽돌을 보지 못했지만) 그는 벽돌공을 만난다. 그 벽돌공은 회사의 유럽 활동에 관한 정보를 얻기 위해 그를 귀찮게 한다. 말로가 회사의 은밀한 음모에 관해 아무것도 모른다고 고백하자 그가 거짓말을 하고 있다고 생각하고 성가시게 구는 것이다.

말로는 이야기를 멈추고 넬리 호 선상의 사람들에게 아프리카에서 겪은 경험의 꿈같은 느낌을 전달하기가 힘이 든다고 설명한다.

말로는 다시 벽돌공과 나눈 이야기를 계속 전한다. 벽돌공은 말로에게 벽돌 재료를 구할 수 없다고 불평한다. 말로는 증기선을 수리하는 데 리벳이 반드시 필요하지만 대상들이 가져오지 않았다고 말한다.

벽돌공과의 대화를 마치고 말로는 기술공(보일러공)에게 리벳이 곧 도착할 것이라고 말한다. (벽돌공이 말로에게 거물급 친구들이 있다고 생각하고 잘 보이려고 했기 때문에 리벳을 구해 줄 것으로 짐작한다.) 벽돌공처럼 그 기술자는 말로가 유럽에서 큰 영향력이 있다고 추정했다. 그러나 리벳은 도착하지 않고, 그 대신 당나귀를 탄 많은 백인들이 (원주민들을 거느리고) 중앙 출장소에 들이닥친다. 말로는 이 사람들이 자칭 엘도라도 탐사 원정대라고 하며, 보물을 찾기 위해 왔다는 것을 알게 된다. 지배인의 삼촌이 그 원정대의 대장이다. 말로는 그와 그의 조카가 자주 공모하는 모습을 본다. 때때로 말로는 커츠의 이름이 언급되는 것을 듣고 가벼운 호기심을 갖지만, 증기선을 수선해 수로안내인 일을 시작하고 싶은 강한 욕망을 느낀다.

문학적 장치 〈어둠의 심연〉은 말로의 아프리카 여행담으로 알려져 있다. 그것은 부분적으로는 사실이다. 그러나 런던에 정박한 배에서 말로의 이야기를 듣는 한 사내의 이야기이기도 하다. 이런 '이야기 속 이야기' 형식을 '액자 이야기'라고 한다.

주제 탐색 인간이 인간에게 가하는 비인간적 행위를 탐구하고 제국주의적 충동에 관한 몇 가지 까다로운 질문을 제기하는 〈어둠의 심연〉은 젊은 주인공이 여행을 하며 그 과정에서 자기 자신에 대해 배우는 모험 이야기이기도 하다. 말로는 한 젊은이가 모험을 찾는 것으로 이야기를 시작한다. 유럽과는 달리 아프리카 지도에는 여전히 말로가 탐험하고 싶은 '공터'가 있다. 그가 콩고 강을 뱀에 비유하는 것은 아프리카의 매혹적인 힘을 암시한다. 그러나 구약 성서의 창세기를 보면, 뱀은 악과 유혹의 상징으로도 잘 알려져 있다. 따라서 콘래드가 그 강을 뱀에 비유하는 것은 말로가 아프리카에서 발견하게 될 위험과 커츠가 스스로 원주민들의 신이 될 때 굴복하는 유혹을 암시한다. 말로는 그곳에 존재하는 불확실성에도 불구하고 가야만 했다.

그러나 말로가 아프리카 해안에 발을 딛기도 전에 콘래드는 독자들에게 아프리카 밀림의 무서운 힘에 대해 경고하기 시작한다. 말로는 추장의 아들이 두 마리의 검은 닭 때문에 그 회사의 수로안내인 중 한 사람을 살해해서 그 자리가 비게 되었다는 것을 알게 된다. 죽은 수로안내인 프레슬레븐은 모두가 '지금까지 두 발로 걸어 다닌 동물 중 가장 친절하고 온화하다'고 생각했다. 그러나 콘래드는 무엇인가가 그로 하여금 (마치 뱀이 허물을 벗듯이) 자제심을 벗어 던지고 한 마을의 추장을 공격하게 했다고 암시한다. (이 무엇인가는 '밀림'이 유럽인들에게 미치는 영향으로서, 소설이 진전되어 감에 따라 말로와 독자에게 점점 더 분명해진다.) 말로는 마침내 땅바닥에서 뒹구는 프레슬레븐의 유골을 본다. 뼈 사이로 풀이 자라고 있었다. 그 이미지는 아프리카가 프레슬레븐과 그가 대변하는 모든 것과의 싸움에서 승리했다는 것을 암시한

다. 대지는 그를 자기 소유로 회수했으며, 자연은 문명에 대해 승리를 거두었다. 이것은 말로가 회사의 대리인들이 밀림에서 '문명화된' 채 남아 있으려는 시도가 무익하다는 것을 배우는 첫 번째 교훈이다. 밀림은 대리인들이 자신에게 잠재되어 있다고는 생각지도 못했던 본능적이고 원시적인 충동을 해방시킨다.

말로는 취직을 하기 위해 브뤼셀을 방문할 때 그 도시를 '하얗게 칠한 무덤' — 악의 또는 악의를 숨기는 선한 외모를 지닌 사람을 가리키는 성경의 구절 — 으로 묘사한다. 본사와 마찬가지로 그 회사는 '하얗게 칠한 무덤'과 비슷하다. 그 회사는 기독교의 자선의 이름으로 아프리카에 '문명'과 '빛'을 가져다줄 의무를 공언하고 있지만 실제로는 그 땅과 주민들을 이익과 권력욕이라는 이름으로 착취하고 있다. 말로에게 '무지한 수많은 사람들을 끔찍한 풍습에서 떼어놓는' 것에 대해 이야기하는 말로의 숙모는 그 회사의 선전이 유럽인들의 마음속에 얼마나 깊이 각인되어 있는지 보여주는 한 예가 된다. 숙모의 생각에 불안을 느낀 말로는 그 회사는 단지 '이익을 추구'하고 있다고 암시한다. 그는 이런 이익을 어떻게 획득하는지 직접 보기 전에는 다행히도 그 회사의 부패에 대해 의식하지 못하고 있다. 말로는 바람이 있다. 그 회사가 그가 유럽인으로서 익숙해져 있는 회사들처럼 어떤 제국주의적 충동도 지니지 않은 실리적인 기업일 뿐이라고 믿고 싶은 것이다.

말로와 독자가 본사에서 받는 최초의 인상은 불길하고 사악하고 음모적이다. 먼저 말로는 그 건물에 들어가기 위해 '갈라진 틈 중 한 곳을 지나갔다'. 그것은 회사 운영을 대중에게 알리는 일이 '닫혀 있음'을 비유적으로 내비친다.

두 번째로, 검은 털실로 뜨개질을 하고 있는 두 명의 여자는 그리스 신화의 운명의 여신들을 상징한다. 이 여신들처럼 회사는 검은 털실로 상징되는 아프리카인들의 운명을 '뜨개질하고' 있다. 따라서 회사는 아프리카인들에게 신의 역할을 함으로써 콩고에서 누가 살고 죽을지를 결정한다.

세 번째로, 말로는 조명이 희미하게 비치는 사무실로 안내된다. 조명은 회사의 '그늘지고' 모호한 도덕성을 반영한다. 그는 회사 고위층과 단지 45초 동안 이야기를 나누는데, 그것은 회사가 말로 같은 사람들을 소모품으로 보고 있다는 증거다.

네 번째로, 말로는 표면상으로는 '어떤 거래상의 비밀'도 폭로하지 않겠다고 약속하는 '몇 가지 서류'에 서명하도록 요구받지만 비유적으로 보자면 영혼을 악마에게 파는 것을 암시한다. (중앙 출장소의 지배인이 나중에 아프리카에 대해 말하는 것처럼, "여기 오는 사람들은 누구나 내장이 없어야 한다.") 악마가 궁극적으로 천국의 신을 타도하기 위해 인간의 영혼을 요구하듯이 은유적으로 회사는 더 많은 이익을 얻기 위해 가능한 한 많은 유럽인들의 영혼을 요구하고 있다.

다섯 번째로, 말로는 회사에 소속된 의사의 검진을 받을 때 아프리카로 모험을 떠나는 많은 유럽인들이 실성하게 된다는 말을 듣는다. 의사가 말로의 두개골을 잴 때 독자는 유럽의 '과학'과 '기술'(골상학 같은 우스꽝스러운 과학조차도)이 밀림의 힘에 대적할 수 없다는 콘래드의 생각을 알 수 있다. '문명화된' 유럽인들이 아프리카에 갈 때 유럽 사회가 그들에게 부여한 자제력은 사라지기 시작하고, 이미 프레슬레븐에게서 나타난 행동을 초래한다. 소설의 후반부에서 짐꾼들이 말로의 물품을 모두 엉망으로 만든 것을 발견하고 화가 치밀기 시작할 때 말로는 비꼬듯이 "나는 나 자신이 과학적으로 흥미로워지고 있다는 것을 느끼기 시작했다"고 말한다.

말로의 이야기 서두 부분에서 흑과 백의 이미지가 풍부하다는 점 역시 주목할 만하다. 콩고는 지도상에 '하얀 땅'으로 묘사되어 있으며, 프레슬레븐은 두 마리의 검은 닭 때문에 난투 끝에 살해되었으며, 브뤼셀은 '하얗게 칠한 무덤'이며, 두 명의 여자가 검은 털실로 뜨개질을 하고, 나이가 많은 쪽은 '풀을 먹인 하얀 옷'을 입었고, 사장의 비서는 머리카락이 하얗고, 의사는 소매에 검은 잉크 자국이 묻어 있다. 많은 비평가들은 콘래드의 백색과 흑색의 비유적 표현에 대해 언급했다. 우리는 흰색과 검은색 이미지들의 결합이 어떻게 이 소설의 여러 관념을 암시하는지 주목해야 한다.

회사는 (말로의 숙모가 일컫듯이) '빛의 사자(使者)들'이 아프리카의 '어둠'에 문명을 가져다줄 수 있어야 한다고 주장한다. 그것은 브뤼셀을 백으로, 콩고를 흑으로 나타냄으로써 행해진다.

이 소설에서 백인들은 (특히 말로와 커츠는) 아프리카인들과의 경험에서 크게 영향을 받게 된다.

비록 회사는 '백인의' 도덕적 정의의 힘이 되겠다고 공언하지만 실제로는 죄와 비인간성이라는 '검은' 반점들과 콩고 어디에서나 발견되는 흑인 원주민들의 시신들이 '점점이

박혀 있다’.

간단히 말해, 회사는 ‘하얗고’ 순수해 보일지라도 실제로는 회계원과 그의 하얀 셔츠가 나타내보이듯 그 정반대다.

일부 비평가들은 콘래드가 ‘어둠’을 악의 상징으로 이용한 것은 이 소설이 지닌 인종주의적인 암시라고 주장한다. 다른 비평가들은 이 책의 ‘백인’들은 실제로 그들이 살해하는 원주민들보다 더 ‘검고’, 콘래드의 비유적 표현은 회사와 회사의 ‘백인’ 직원들의 위선을 강조한다고 주장한다. 이런 비평적 논쟁과 관계없이 독자는 콘래드가 이 소설의 전개과정에서, 그리고 제목에서부터도 백색과 흑색의 비유적 표현을 가지고 장난치고 있다는 데 주목해야 한다.

말로는 본사를 떠날 때 자신이 ‘사기꾼’ 같다고 느낀다. 왜냐하면 아프리카와 그곳에서 유럽인들이 하는 활동에 대한 생각이 그의 예상과는 완전히 배치되는 무리들과 합류했기 때문이다. 말로는 제국주의적 충동을 지니지 않았으며 단지 모험을 추구하지만 점차 회사의 진면목을 보기 시작한다. 따라서 그를 둘러싸고 있는 도덕적 부패에 대한 말로의 점증하는 인식은 이 소설의 주요한 주제 중 하나가 된다.

아프리카는 본사처럼 처음에는 매혹적이고 호기심을 자극하는 장소로 그려진다. 그 대륙은 유럽인들에게 그곳에서 생존할 수 있는지 ‘확인해 보러 오라’고 현혹하는 분위기를 지닌, 미완성이자 ‘아직도 만들어지고 있는’ 곳으로 묘사된다.

　　그러나 아프리카를 아무도 건드리지 않은 낙원으로 그린 것은 곧 말로의 묘사에 의해 반박당한다. 그는 한 프랑스인 전사가 숲을 향해 총질하는 것을 목격한다. 총에서 난 '빵' 하는 소리는 그 대륙을 굴복시키려는 회사의 무익한 시도를 강조한다. 마찬가지로 말로는 풀 속에서 뒹굴고 있는 보일러, '어떤 동물의 시체'와 유사한 사용하지 않는 기차의 객차, 바위를 제거하려 터뜨리지만 전혀 소용없는 일련의 폭발, 그 목적을 알 수 없는 '인공적인 구멍', 부러진 배수 파이프들로 가득 찬 산골짜기에 주목한다. 이런 혼돈의 이미지에 어리벙벙해진 말로는 "일은 계속되고 있었다. 일은!" 하고 말한다. 분명히 이런 낭비와 어리석음의 표시들은 말로가 기대한 것은 아니었다. 이처럼 버려진 기계들은 회사의 일상적인 활동을 특징짓는 혼란뿐만 아니라 회사가 콩고에서 진정한 진보를 이루는 일에 전혀 무관심하다는 것을 상징한다.

　　말로에게 더욱 당혹스러운 것은 '죽음의 숲', 즉 몇몇 원주민들이 언급한 기계들처럼 아무런 주의나 관심을 받지 못한 채 죽어가고 있는 그늘진 곳이다. 말로는 그들을 '질병과 굶주림의 검은 그림자들'과 '예각이 될 정도로 웅크린 허깨비들'에 불과하다고 하며, 그들 중 한 사람에게 비스킷을 주어 자선을 베풀려고 시도한다. 그러나 임종을 앞둔 그 원주민은 너무나 허약해 그것을 손에 쥔 채 입에 가져가지도 못한다. 말로는 이 사람이 목에 '하얀 소모사 한 조각'을 두르고 있는 것

을 알아채고는 그 의미를 몰라 당황한다. 그러나 독자는 그 천
이 회사가 원주민들의 '목덜미를 잡고' 그들을 동물처럼 취급
하는 것을 상징하고 있음을 안다. 당황한 말로는 심란한 마음
을 달래려고 숲에서 나온다. 그는 공포에 정면으로 맞서지 않
고 물러나지만 나중에는 이런 호사를 누리지 못할 것이다.

　　　말로는 원주민들 곁을 떠나 한 유럽인에게로 간다. 그
는 회사의 수석 회계원으로 회사가 공포 작전으로 벌어들이
는 엄청난 액수의 돈을 암시한다. 그의 옷에는 흠집 하나 없다.
다시 한 번 독자는 회사가 순수함을 나타내는 색과 외모로 치
장하려는 시도를 본다. 말로는 찌는 듯하고 진흙범벅인 밀림
에서 그 회계원이 위엄 있는 유럽인의 풍모를 유지하는 능력
때문에 그를 '기적'이라고 부른다. (그는 심지어 귀 뒤에 펜대
를 꽂고 있다.) 자신을 에워싸고 있는 공포를 완전히 잊어버린
채 그 회계원은 숫자와 자신의 중요성에 대해서만 주의를 기
울인다. 병이 난 대리인 한 사람이 임시로 그의 오두막에 실려
왔을 때, 회계원은 불평을 하면서, 말로에게 "특히 장부를 정
확히 기입해야 할 때는 저 야만인들이 미워집니다… 미워죽을
지경이죠."라고 말한다. 그 회계원으로 상징되는 회사는 이익
이 인간의 생명보다 우선하며, 순익은 인류의 어떤 더 높은 법
보다 중요하다.

　　　중앙 출장소로 가는 말로의 200마일 도보여행은 회사
의 조직화 부재와 야만성을 강조한다. 황량하고 파괴된 마을

들을 통과하면서 회사에 대한 그의 인식은 점점 더 예리해진다. 그의 여행은 중앙 출장소에서 끝나며, 그곳에서 말로는 제1부의 남은 부분을 보낸다. 유럽 본사와 외곽 출장소처럼 이곳에는 낭비와 비인간성과 죽음의 악취가 퍼져 있다. 이 소설의 전반부에서 말로는 자신이 때가 되면 '살이 축 늘어지고, 위선적이며, 시력은 약하지만 탐욕스럽고 무자비한 우둔으로 가득 찬 악마와 사귀게 될 것'이라고 진술한다. 이제 중앙 출장소에서 그는 "한 번 둘러보니 얼마나 게으른 자가 관리하고 있었는지 금방 알 수 있었어"라고 말한다. 더 이상 열정을 가진 선원이 아닌 말로는 자기가 보는 것에 대해 점점 더 회의적이 되며 도덕적 판단을 내리게 된다. 도착하자마자 그의 증기선이 강바닥에 난파되어 있는 것을 알게 되자 그의 분노와 의심이 커진다.

제1부에서 주목할 만한 부분은 말로가 벽돌공의 방에서 보게 되는, 벽에 걸린 커츠의 그림과 관련이 있다. 그것은 눈을 가린 채 횃불을 들고 있는 여자의 그림이다. 분명히 그 여자는 정의의 일반적인 인격화를 연상시키는 한편, 횃불은 회사가 '암흑의 대륙'에 문명의 '빛'을 가져오는 것을 암시한다. (말로가 그 '무지한' 야만인들을 좀더 문명화하는 데 기여할 것이라는 숙모의 희망을 떠올려 보라.) 그 그림 속의 여자는 또한 회사를 상징한다. 회사는 스스로 이익이라는 이름으로 영속화하고 있는 공포에 자발적으로 눈을 감는다. 그것은

회사의 어리석은 행위, 그리고 회사가 '맹목적으로' 아프리카
에서 비틀거리고 있음을 연상시킨다.

　그 그림은 또한 그것을 그린 사람을 상징한다. 눈을 가
린 여자처럼 커츠는 한때 '어두운' 대륙에 문명과 진보의 '빛'

을 가져다주기를 열망했다. (이것은 횃불이 어둠 속에서 빛나는 것을 설명해 준다.) 그러나 말년에 커츠는 태도를 바꾼다. 그것은 말로가 커츠의 한 보고서에 써넣은 "야만인들을 몰살하라!"라고 주장하는 구절을 읽을 때 가장 명백해진다. 따라서 그 그림에 따르면, 유럽은 '빛'을 가져오는 체하지만 그 빛은 궁극적으로는 그 여자의 얼굴을 특징짓는 '사악한' 모습을 하고 있다. 여기서 콘래드는 말로가 커츠를 만날 때 커츠가 어떤 모습일지를 보여준다. 즉 한때는 콩고에 '정의'와 '빛'을 가져다주려는 고상한 이상을 지녔던 사람이었지만 그곳에 도착하자마자 '사악한' 사람이 되었다.

콘래드는 지배인을 통해 (아프리카를 '게걸스럽게' 먹어치웠기 때문에) '흐느적흐느적한', (탐욕을 계몽이라는 이름으로 가장했으므로) '겉치레하는', (자신이 저지른 일의 결과를 '보지' 않으려 하기 때문에) '시력이 약한' 회사를 의인화하고 있다. 그는 교육을 받지 못했으며, '평범한 무역상'이며, '두려움도 사랑도' 불러일으키지 못하며, 만나는 모든 사람에게 '불안감'을 야기하며, 어떤 '조직의 재능'도 없다. 말로가 내릴 수 있는 결론은 그는 '결코 아픈 법이 없으며' 상아를 유럽 항으로 보낼 수 있다는 것이다. 말로는 인식이 확장됨에 따라 회사가 '선견지명이라든가 진실한 의도라고는 눈곱만큼도' 지니고 있지 않으며, "그저 그 땅에서 보화를 뜯어내는 것만이 목적이고, 금고를 부수는 강도처럼 그 욕망의 배후에는 도덕적 목적이란 조금도 존재하지 않았다"는 것을 이해하게 된다.

이 시점에서 콘래드는 말로(와 독자)가 그의 여행과 '불가분하게 연관된 사람'인 커츠에 관해 듣기 시작하는 소문을 훨씬 더 많이 다룬다. 〈어둠의 심연〉이 전개됨에 따라 콘래드의 강조점은 콩고의 '뱀'을 탐험하려는 욕망에서 이 얼핏 드러나는 인물을 만나려는 열망으로 옮겨간다. 회계원이 가장 먼저 커츠에 대해 언급한다. 그는 커츠를 '다른 사람들이 보내는 상아를 모두 합친 것만큼이나 보내는' '일급 대리인'이자 '비범한 사람'이라고 부른다.

지배인은 커츠를 염려하는 척하지만 실제로는 고의로 방해하며 내륙 출장소에서 죽게 만들 수 있는 일은 뭐든 하고 있다. 그의 동기는? 직업상의 질투심. 말로는 그 출장소에서 '음모의 분위기'를 느끼며, 나중에 지배인이 엘도라도 탐사 원정대의 대장인 삼촌에게 하는 말을 우연히 엿듣는다. 그 말에서 말로는 다음 사실들을 알게 된다.

지배인은 자기 뜻과는 달리 커츠를 밀림의 안쪽으로 보내지 않을 수 없었다. "제가 지배인이잖습니까? 안 그렇습니까?"라고 그는 반문한다.

커츠는 경영진에 "그가 무엇을 할 수 있는지 보여주겠다"는 생각으로 그곳에 보내달라고 요청했다.

지배인은 커츠가 '중역회의의 코를 잡고' 있으며 지배

인 자리를 원하기 때문에 내륙의 일자리를 요구한 게 아닌가 하고 두려워한다. "생각해 보세요. 바보 같은 자식! 그러고도 지배인 자리를 노리다니!"

그는 말로가 정말 누구인지, 또 그가 유럽에서 어느 정도 유력한 인맥이 있는지 모르기 때문에 말로에게 말할 때 초조해 한다. 그가 "그만하면 될 겁니다"라고 대답할 때 그것은 석 달이나 구출하지 않고 내버려두면 커츠는 틀림없이 죽을 것이라는 의미다. "이걸 믿어"라고 그의 삼촌이 밀림을 가리키며 말한다. 그리고 지배인이 하고 있는 일은 다름 아니라 이것, 즉 (그의 삼촌 역시 말하듯이) '기후가 골칫거리를 처리해 주리라고 믿는' 것이다. 나중에 가서야 말로는 지배인이 그의 증기선 '사고'에 책임이 있다는 것을 깨닫는다. 말로가 리벳을 구할 수 없었던 것도 지배인이 의심을 사지 않고 리벳이 가능한 한 늦게 도착하도록 조처를 취해 두었기 때문이었다. (제2부에서 지배인은 말로의 증기선이 커츠에게 접근할 때 도착을 지연시키기 위해 말로에게 다음날까지 기다리라고 요청한다.) 말로는 유럽에서 그 일자리를 받아들였을 때 거대한 음모 속으로 들어가고 있다고 느낀 것처럼 콩고에서 자기도 모르게 음모와 우연히 맞닥뜨린 것이다.

말로에게서 커츠에 대한 정보를 빼내려고 애쓰는 벽돌공은 중앙 출장소의 음모적인 분위기를 더해 준다. 그 대화를 통해 독자는 부지배인이 되려는 벽돌공의 계획을 커츠가 좌절시킨 것을 알게 된다. 벽돌공은 벽돌이라고는 만들지 않기 때문에 회사의 혼란을 반영하기도 한다. 또한 그는 어떤 일도 하지 않고 승진하기를 바라기에 회사의 탐욕을 암시하기도 한다.

　　말로의 증기선과 리벳과 관련된 부분은 전반적인 음모의 분위기를 더해 주는 한편, 비유적으로 전체 소설을 풍성하게 해준다. 리벳은 사물을 서로 연결해 주는 것으로, 콘래드는 리벳을 회사, 지배인, 말로, 커츠, 커츠의 약혼녀가 그들의 믿음과 생각을 '연결하려고' 애쓰는 방식의 상징으로 이용한다. 이런 관념적인 '리벳'은 수많은 방식으로 드러난다. 예를 들면, 회사는 어떤 비판이나 조사나 제어 없이 운영하고 싶어한다. 말로는 아프리카에 관한 자신의 순진한 생각을 믿고 싶어한다. 커츠는 사설 제국의 왕으로 남아 있고 자신의 '문명화된' 자아를 무시하고 싶어한다. 약혼녀는 커츠가 '관대한 마음'과 '고결한 가슴'을 지닌 위대한 사람이라고 믿고 싶어한다. 아프리카인들을 '문명화하고 있다'는 회사의 믿음에서부터 커츠에 관한 말로의 거짓말을 약혼녀가 믿는 것에 이르기까지 각각의 등장인물은 자신의 '리벳'을 갖고 있다. 이런 '리벳'은 모두 거짓말에 불과하다는 콘래드의 암시 때문에 〈어둠의 심연〉은 종종 당혹스럽다. 생각과 믿음과 가정들은 (회사의 경우처럼) 후안무치한 이익추구를 변명하거나 (약혼녀의 경우처럼) 사랑하는 사람의 거짓된 이미지를 유지하는 데 사용된다. 오직 말로와 커츠만이 이런 비유적인 '리벳'이 거짓임을 깨닫는다.

말로는 회사에 의해 계속되고 있는 만행을 직접 목격할 때, 커츠는 임종 전에 "공포다! 공포!"라고 속삭일 때 그것을 깨닫는다. 회사는 오직 이익을 위해 운영된다는 말로의 믿음과 자신의 '문명화된' 도덕을 벗어날 수 있다는 커츠의 믿음은 모두 지탱될 수 없는 '리벳'임이 드러난다.

제1부에서 찾을 수 있는 마지막 상징은 지배인의 삼촌이 이끄는 엘도라도 탐사 원정대다. 이 가공의 원정대는 실제로 존재한 카탕가 원정대*에 토대를 두고 있다. 지배인의 삼촌이 그 원정대를 이끈다는 사실은 백인 무역상들이 콩고에서 부를 긁어모으는 또 다른 예다. 말로는 그들을 보물 이외에 뭔가 다른 것을 위해 아프리카로 오는 시늉조차 하지 않는 '해적들'이라고 치부해 버린다.

---

* **카탕가 원정대**(1890-92): 레오폴드 2세의 의뢰로 카탕가를 콩고 자유국의 일부로 학보하기 위해 나섰던 원정. 대장은 캐나다 출신의 William Stairs(1863-92).

제 2 부

커츠의 거처에 도착하다

어느 날 저녁, 말로는 지배인과 그의 삼촌이 커츠에 대해 이야기하는 것을 우연히 엿듣는다. 말로는 커츠가 얼마나 많은 상아를 구할 수 있는지 보여주기 위해 회사 경영진에 밀림으로 보내달라고 요청했으며, 그의 조수가 그 일에 부적합하다는 것을 파악하고는 지배인에게 다시 돌려보냈다는 사실을 알게 된다. 게다가 커츠의 행동에 대해 '이상한 소문'이 나돌고 있다는 것도 알았다. 지배인은 커츠가 밀림에서 죽고 싶어한다고 넌지시 말한다. 며칠 후 엘도라도 원정대가 밀림으로 들어갔으며, 당나귀들이 모두 죽었다는 것 외에는 아무 소식도 들리지 않는다. 증기선이 수리되자 말로는 지배인과 말로가 '순례자들'이라고 부르는 다른 대리인들과 20명의 원주민들(식인종들)을 태우고 내륙 출장소로 항해를 시작한다.

내륙 출장소에서 50마일 정도 떨어진 곳에서 갈대 오두막이 발견되었다. 오두막 근처에는 깃발과 보기 좋게 쌓아놓은 목재가 있었다. 그 근처에 있는 판자에 "나무는 마음대로 쓰시오. 서두르시오. 조심해서 접근하시오"란 말이 쓰여 있

다. 오두막 안에서 말로는 백인 거주자의 흔적―조잡하게 만들어진 탁자, 쓰레기더미, 가장자리에 암호 같은 것이 쓰여진 증기선에 관한 책 한 권―을 발견한다. 원주민들은 (증기선에서 때기 위해) 목재를 가져갔고, 말로는 그 책을 주머니에 집어넣었다.

그들이 내륙 출장소에서 1.5마일 떨어져 있을 때 원주민들이 눈에 띄지도 않고 소리도 없이 작은 화살을 쏘며 증기선을 공격한다. 공격이 계속되는 동안 순례자들은 숲을 향해 총을 발사했으며, 곧 키잡이가 창에 찔려 죽는다.

마침내 말로는 내륙 출장소에 도착한다. 그는 먼저 여러 기둥에 둘러싸인 '기다란 썩어 가는 건물'을 보았다. 기둥마다 꼭대기에는 '둥근 공'이 걸려 있었다. (나중에 말로는 그 건물이 커츠의 막사이고, 그 '공들'은 해골이라는 것을 안다.) 한 백인이 강가에서 그들을 맞았는데, 그는 어릿광대를 연상케 한다. 그는 커츠가 아직 살아 있다고 알려주고 원주민들이 커츠를 데려가는 것을 원하지 않기 때문에 말로의 증기선을 공격했다고 설명한다.

문체 탐색 제2부는 독자에게 콘래드의 가장 집약된 구절들 중 일부를 제공한다. "그것은 헤아릴 수 없는 의도를 품은 하나의 무자비한 힘이 지닌 침묵이었다" 같은 문장은 혼란스러워 보이겠지만, 그보다도 힘든 것은 말로가 겪는 고난이다. 왜냐하면 〈어둠의 심연〉의 많은 부분은 그 주인공이 밀림 여행이 어떤 것인지 명료하게 표현하려고 노력하는 모습을 다루기 때문이다. 말로는 넬리 호 선상의 동료들에게 그들은 그가 본 것의 온전한 진실을 완전히 포착할 수 없다고 말한다. 왜냐하면 그들은 '한 쪽에는 도살자, 다른 쪽에는 경찰관, 그리고 엄청난 식욕과 정상적인 기온'이 있는 현대의 '문명화된' 세계에 살고 있기 때문이다. 여기서 말로가 하고자 하는 말은 언어는 때때로 그가 겪은 경험의 경이와 공포를 온전히 전달하지 못한다는 것이다. "이것은 내가 이야기하려는 최악의 것이야"라는 말은 그 여행이 그에게 끼친 완전한 정서적 · 정신적 · 정치적 충격을 표현하는 데 어려움을 겪고 있음을 암시한다. 그의 동료들은 유럽의 '단단한 포장도로'를 밟고 있기 때문에 그를 충분히 이해할 수 없을 것이다. 말로가 전하는 것이 이 작품 자체의 주요한 부분이란 개념은 소설의 서두에서 말로에게는 "삽화라는 것의 의미는 과일의 씨처럼 그 안에 파묻힌 것이 아니라 밖에 있는 것이다. 찬란한 햇빛이 아지랑이를 만들어내듯이 삽화를 통해 의미를 나타내준다"고 설명하는 익명의 화자에 의해 암시된다. 바꿔 말하면, 〈어둠의 심연〉이 수많은 정치적·도덕적·정신적 공포에 직면한 사람의 이야기인 것만큼이나 그 사람이 그 공포를 전달하기에 적절한 언어를 탐구하는 이야기이기도 하다. 따라서 이 이야기는 두드러지면서 둔감하고, 구체적이면서 추상적이고, 자세하면서 애매모호하다.

말로가 제2부의 한 지점에서 말을 멈추며, 이야기의 흐름이 화자의 말에 의해 끊기는 것을 주목하라. 이것은 독자에게 말로가 이야기를 헤쳐 나가는 것이 아니라 이야기를 전하고 있으며, 그가 그 이야기의 쟁점들에 대해 알고 있는 것이 그가 넬리 호의 사람들에게 이야기하는 방식에 영향을 미칠 것이란 사실을 상기시켜준다. 본질적으로는 두 명의 말로가 있다. 즉, 경험을 헤쳐 나가는 말로와 그것을 되돌아보는 말로이다. 따라서 커츠에 대한 말로의 여담은 독자로 하여금 결국 말로의 견해가 담긴 커츠를 만나도록 해준다.

제1부에서 말로는 숲을 '원시적'이라고 부르며, 숲 속을 항해하는 동안 '이크티오사우루스'*를 볼 것으로 기대했다고 농담한다. 제2부에서 말로는 밀림에서 본 것을 선사시대적

---

* **이크티오사우루스**(Ichthyosaurus): 중생대 쥐라기에서 백악기에 걸쳐 바다에 살았던 공룡. 돌고래를 닮았다.

인 색채로 점점 더 강조하고 있다. 그는 "그 밀림으로 돌아가는 것은 세상의 태초의 순간들로 되돌아가는 것과 같았다"고 말하며, 뒤이은 구절들은 이런 인상을 강화해 준다. 예를 들면, 자신과 승무원들을 '선사시대의 대지를 방랑하는 자들'이라고 부르고, 원주민들을 '원시인'으로 본다. 말로는 우리를 '마법에 걸리게' 하고 지금까지 알고 있던 모든 것으로부터 단절시키는 밀림의 비현실성도 강조한다. '미지의 세계의 옷자락에 매달린 작은 증기선'은 말로에게 왜소하고 길을 잃어버렸다는 느낌을 갖게 한다.

주제 탐색 말로는 아프리카는 미완성이며 문명이라는 관점에서 유럽보다 한참 뒤쳐져 있음을 암시한다. 이런 태도는 오만해 보일지 모른다. 그러나 이 소설의 많은 부분은 문명과 (커츠처럼) '어둠'의 심연에 문명의 '빛'을 가져다주려는 사람들을 비판하고 있다. 한편 현대 독자들은 말로가 원주민들과 맺는 관계를 논하는 장면이 유럽 중심적이고, 심지어 인종주의적이라고 생각할 수도 있다.

1899년의 유럽인에게 '야만인들'과 유사하다는 생각은 '추악한' 것으로 보였을 수도 있다. 그러나 여기서 말로가 전하려는 요점은 용기를 지닌 사람만이 '계몽된' 유럽과 '선사시대적인' 콩고의 차이점들이 피상적이라는 사실을 알 수 있다는 것이다. 이것은 말로가 커츠에게서 배우는 것 중 하나이며, 증기선이 공격받는 동안 말로가 '내 얼굴과 같은 높이에서 나

뭇잎 사이로 얼굴 하나가 사납게 나를 노려보고 있는 것'을 볼 때 강조된다. 회사는 아프리카에 진짜 '빛'을 가져다주지는 않을 것이다. 그러나 말로는 점점 더 자신의 인간성에 대해 '계몽'된다.

그럼에도 불구하고 그가 넬리 호의 선상에서 유럽인의 옷을 입고 설법하는 부처가 되는 것은 아니다. 그보다는 이런 모든 철학적이고 정치적인 의미들을 숙고하는 데 마음을 빼앗기지 않기 위해 증기선을 조종하고 쓰러진 나무들을 피하는 데 정신을 쏟는다. 더 깊은 도덕적 관심사들 대신 '일'에 집중함으로써 제정신을 유지할 수 있으며, 확대하자면 회사는 잠시도 쉬지 않고 콩고를 착취할 수 있다. 배를 조종하는 것은 말로가 커츠에게 다가갈 때 그를 지탱시켜주는 '리벳'과 같다. 커츠는 말로의 모든 '표면적 진실들'(말로의 말)을 뒤엎어놓고, 말로 역시 몸담고 있는 모든 추악함을 생각해 보도록 강요할 것이다.

말로는 증기선의 식인종들을 칭찬하는데, 그것은 그가 아프리카에 있는 동안 점점 더 보기 힘들어지는 자제력이란 자질을 그들이 가지고 있기 때문이다. 비록 그들은 '여전히 태초의 시간에 속해 있지'만 결코 백인 상관들을 공격하지 않는다. 그것은 그들에게는 쉬운 일이었을 것이다. 말로는 '오래 지속된 굶주림에서 나오는 악마행위'는 어떤 '미신, 믿음, 그리고 우리가 원칙이라고 부르는 것들'보다 중요하기 때문에 패배시키기가 가장 불가능한 힘이라고 주장한다. 회사(와 그 회사의 가장 뛰어난 천재인 커츠)와는 달리, '야만적인' 아프리카인들은 그들의 '상관들'이 상아에 대한 탐욕스러운 굶주림과 그것을 얻기 위해 동원하는 야만적인 수단에서 보여주듯이, 명백히 결여되어 있는 인간적이고 명예스러운 자제력을 가지고 있음을 보여준다.

밀림이 점점 더 두렵고 신비로운 곳이 되어감에 따라 말로는 평정을 유지하고 '유럽인다워'지려고 노력한다. 그가 어릿광대의 책을 발견하고서 기뻐하는 것은 이 새로운 세계를 걸어 들어가면서 이전 세계의 흔적을 열망하고 있다는 반증이다. 그 책 자체는 '읽기에 아주 지루해' 보인다는 사실에도 불구하고, 말로는 책의 존재 자체를 '명백히 실존하는 어떤 것'으로 보고 흥분한다. 그 책의 주제와 작가(영국 해군의 함장)는 그다지 주의를 끌지 못하지만 '과학'과 '일을 제대로 진행하는 방식에 대한 정직한 관심사'의 증거다. 말로는 증기선으로 돌아갈 때 그 책을 두고 가는 것이 '오래된 성실한 우정의 안식처에서 억지로 끌려나오는' 듯하다고 고백한다. 그가 말하는 '우정'은 유럽과의 오랜 우정이다. 유럽은 항상 그를 '야만'과 별로 다를 게 없는 진실로부터 그를 '보호해' 주었다.

키잡이의 죽음은 말로가 그가 처한 상황의 실체를 '사라지게' 만들려고 시도하는 또 다른 장면이다. 말로는 키잡이가 공격을 받아 살해된 것을 발견한 후 구두와 양말을 바꿔 신으려고 '병적으로 안달'한다.

제2부는 곧 나타날 말로의 실체에 대해 독자의 이해를 강화하는 것 외에도, 말로가 자신의 이야기를 그만두고 일반적인 의미에서 커츠의 이야기를 풀어놓는 여담을 포함하고 있다. 식인종들과 달리 커츠는 게걸스러운 갈망을 지녔다. "자네들은 그 자가 말하는 것을 들었어야 했는데… '내 약혼녀, 내 상아, 내 출장소, 내 강, 내…' 모든 것이라고 말이야." 그의 대머리는 그가 얻기 위해 그토록 노력한 상아를 암시했다. 그는 '신경이 망가졌'으며, '말로 표현할 수 없는 의식(儀式)'에 참여했고 '그 땅의 악마들 사이에서 높은 자리를 차지'했다. 말로는 "얼마나 많은 어둠의 힘들이 그를 그들의 것이라고 주장했는지" 알 수 없다는 것을 깨달았다. 그러나 이처럼 야만성에 대한 포착하기 어려운 암시들보다 더 인상적인 것은 "전 유럽이 커츠를 만드는 데 기여했다"는, 말로의 짧지만 중요한 커츠를 위한 변호다. 글자 그대로 보자면, 말로는 커츠의 선조들 이야기를 하고 있지만, 비유적으로는 그가 아프리카에서 체험한 공포는 한 사람의 책임으로 떠넘길 수 없다는 것을 암시한다. 더욱 중요한 점은, 커츠는 고립된 인물이 아니라 전유럽이 그와 그가 구현하고 있는 힘, 갈망, 악을 생산했다. (커츠를 위한 광대 같은) 어릿광대의 외모는 이 지점에서 그 선동정치가의 권위와 힘을 강조하며 독자에게 — 앞서 논의된 여담처럼 — 제3부에서의 커츠의 출현에 대비하도록 한다.

제 3 부

커츠를 만나다

어릿광대는 수많은 밤을 커츠의 다양한 이야기를 들으며 보냈다고 말로에게 말한다. 말로는 커츠가 상아를 탈취하기 위해 원주민 추종자 무리를 이끌고 정글을 돌아다니는 성향이 있다는 것을 알게 된다. 어릿광대의 말을 들으면서 말로는 망원경으로 커츠의 거처를 살펴보고, 전에 그 집을 둘러싸고 있는 기둥에서 보았던 둥근 매듭들이 원주민 '반역자들'의 머리란 것을 알게 된다. 그리고 커츠를 보기 위해 안쪽으로 망원경을 돌렸다. 갑자기 한 무리의 원주민이 커츠를 들것에 싣고 그 집의 모퉁이에서 나타나는 것을 본다. 말로와 어릿광대를 포함해 증기선 위의 모든 사람들은 공격을 받을까봐 두려워하며 조용히 서 있었다. 마침내 말로는 커츠가 수척한 팔을 내밀더니 무리에게 떠나도록 명령하는 것을 본다. 지배인과 다른 대리인들이 커츠를 침대에 뉘이고 지연된 편지들을 전해 준다.

말로는 커츠가 있는 방을 나와 강둑에서 커츠의 아프리카인 정부를 본다. 그녀의 자존심과 키와 외모가 말로를 사로잡았다. 그녀는 잠시 동안 아무 말 없이 증기선에

올랐다가 팔을 들어 올리더니 덤불 속으로 사라졌다. 말로는 커츠가 방에서 지배인에게 조롱조로 말하는 것을 들었다. 지배인은 당황한 것처럼 보이지 않으려고 애쓰면서, 방에서 나와 말로에게 커츠가 상당량의 상아를 수집하긴 했지만 허약하며 그의 방법이 옳지 않기 때문에 그의 상아 구역은 폐쇄해야겠다고 말한다. 지배인의 의도에 두려움을 느낀 어릿광대는 말로에게 커츠의 백인 구조자들이 실제로는 그에게 해를 입히려 하고 있다는 의심을 내보인다. 그가 엿들은 지배인과 그의 삼촌 간의 대화를 떠올린 말로는 어릿광대에게 그가 옳다고 말한다. 그러자 어릿광대는 '커츠는 떠난다는 생각이 싫었기' 때문에 증기선을 공격하도록 명령했다고 폭로한다. 어릿광대는 유럽에 가면 커츠의 명성을 지켜달라고 부탁하고, 소총 탄창 몇 개와 구두를 달라고 청한 다음 내륙 출장소를 떠난다.

　자정이 조금 지나 말로는 북소리와 원주민들이 주문을 외는 소리에 잠이 깬다. '고함 소리'를 들은 후 말로가 커츠의 방으로 들어가니 그는 달아나고 없다. 커츠가 풀밭을 기어간 것을 발견한 말로가 마침내 그를 따라잡았다. 커츠는 처음에는 말로에게 도망쳐서 숨으라고 말했지만 곧 지배인이 망쳐놓은 '굉장한 계획들'을 가지고 있다고 말하기 시작한다. 커츠가 소란을 피우거나 부하들에게 공격하라는 신호를 보내지 않기를 바라는 말로는 귀를 기울인다. 말로는 커츠를 그의 방으로 다시 데려온다.

그들은 다음날 내륙 출장소를 떠난다. 그들이 하류로 내려갔을 때 연붉은 색 흙을 바른 세 명의 원주민이 어떤 주문을 큰 소리로 읊는다. 이어 커츠의 원주민 정부가 강둑으로 달려와 고함을 지르기 시작하자 1,000명의 추종자들이 그 소리를 반복한다. 증기선의 백인들이 강가를 향해 소총을 겨냥하기 시작한다. 말로는 대량 학살을 피하기 위해 원주민들을 해산시키려고 뱃고동을 울린다. 많은 사람들이 도망쳤지만 그 '사나운 여자'는 달아나지 않았다. 그러자 갑판 위의 백인들이 커츠의 추종자들에게 총을 쏜다.

그들이 바다(와 유럽)로 나아갈 때 커츠는 그의 생각과 계획과 출장소와 이력에 대해 계속 이야기한다. 커츠는 말로에게 서류 뭉치와 사진 한 장을 건네며 지배인의 손에 들어가지 않도록 잘 간직해 달라고 부탁한다. 어느 날 저녁, 말로는 엔진을 수리한 후, 커츠의 방에 들어갔다가 그가 "공포다! 공포!"라고 마지막 말을 속삭이는 것을 듣는다. 식당으로 들어간 말로는 지배인의 탐색하는 듯한 눈을 일부러 피한다. 지배인의 하인이 식당 안을 살짝 들여다보더니 경멸적인 목소리로 "커츠 씨가… 그자가 죽었어요"라고 말한다. 커츠는 다음날 밀림에 매장된다. 커츠의 죽음에 충격을 받은 말로는 거의 자살할 지경에 이르렀으며, 유럽으로 돌아오는 남은 여정은 더이상 설명하지 않는다.

브뤼셀에 돌아오자 말로의 숙모는 그가 건강을 되찾도록 보살펴준다. 그때 회사의 한 익명의 대표가 말로를 방문해서 커츠가 건넨 서류를 달라고 한다. 그는 배를 타고 돌아오는 중에 지배인의 압력을 받았을 때처럼 거절한다. 결국 말로는 그 사람에게 '만습퇴치'에 관한 커츠의 보고서를 추신("야만인들을 몰살하라!")은 찢어버린 채 건네준다. 그러고 나서 커츠의 사촌을 만났는데, 그는 커츠가 대단한 음악가이자 '만능 천재'라고 말한다. 말로는 그에게 꾸러미에 있는 몇 통의 중요하지 않은 가족 편지를 건넨다. 한 기자가 커츠에 관한 정보를 얻으려고 말로에게 접근한다. 그 기자는 커츠가 카리스마와 큰 집회를 '흥분시킬' 목소리를 지녔기 때문에 어떤 정당에서든 대정치가가 될 수 있었을 것이라고 말한다. 말로는 그에게 '만습'에 관한 커츠의 보고서를 주었고, 기자는 그것을 출판하겠다고 한다.

말로는 커츠의 약혼녀를 방문해야겠다고 생각한다. 그는 그녀가 상복을 입은 채 들어올 때까지 거실에서 기다린다. 그녀는 즉각 말로를 믿을 만하고 진지하고 순수한 사람이라고 생각한다. 그녀가 말로에게 아무도 자기만큼 말로에 대해 잘 알지 못한다고 말했을 때, 그는 커츠가 밀림에서 지내는 동안 어떤 사람이 되었는지 폭로하고 싶지 않았기 때문에 자세를 흩뜨리지 않으려고 애쓴다. 그녀가 커츠의 마지막 말을 들려달라고 부탁하자 잠시 망설이던 말로는 "그분께서 하신 마지막 말씀은… 당신 이름이었습니다"라고 거짓말을 한다. 약혼녀는 한숨을 짓고 눈물을 흘린다. 말로의 이야기는 끝난다. 넬리 호 선상에서는 익명의 화자와 다른 사람들이 꼼짝 않고 앉아 있다. 화자는 검은 구름과 흐린 하늘과 템스 강을 바라본다. 이제 그에게 강은 '거대한 어둠의 심연으로' 흘러드는 것 같다.

제1부와 제2부에서 커츠는 그의 이름이 이따금 언급되고 그의 개성과 중요성이 말로와 독자 모두에게 인지되지 않는 그림자 같은 인물이었다. 따라서 제3부를 읽고 나서야 커츠의 중요성이 분명해지며 콘래드의 구상은 실체를 드러낸다. 이 소설은 서로의 존재가 상대방을 비춰주는 두 사람(말로와 커츠)의 만남에 관한 것이다. 궁극적으로 콘래드는 커츠란 인물은 말로가 밀림에서 일하는 동안 자제력을 버릴 경우 될 수도 있는 인물임을 암시한다. 제3부는 왜 커츠가 현재와 같은 인물이 되었으며 말로는 어떻게 이 운명으로부터 벗어나는지 보여주기 위해 커츠의 신과 같은 위업을 강조한다.

제3부에서 콘래드는 커츠가 추종자들에게 불어넣는 절대적인 헌신을 강조한다. 예를 들면, 어릿광대는 커츠에 대해 이야기할 때 열광적으로 말한다. 그는 말로에게 "그분은 제게 사물 보는 눈을 뜨도록 해주셨습니다. 사물을요"라고 말하고, "보통 사람들을 보는 눈으로 커츠를 판단해서는 안 됩니다"라고 덧붙인다. 이것은 중요한 말인데, 커츠가 자신은 인간의 판단을 초월한 것으로 느끼고 있음을 반영하기 때문이다. 커츠는 그 자신의 가장 내밀한 욕망과 욕심에 빠짐으로써, 신과 같은 지위를 획득했다. 이 지위는 단순히 커츠의 마음속에 있는 환상이 아니라는 데 주목하라. 왜냐하면 이웃 부족들의 우

두머리들은 커츠 앞에 굴복하며, 더욱 놀라운 것은 회사에 의해 노예상태가 된 바로 그 원주민들이 커츠가 떠나는 것을 원치 않아 말로의 증기선을 공격한다. 흙을 바른 세 명의 원주민과 '사나운 여자'가 나타나는 광경은 커츠의 신 같은 지위를 강화한다. "그분은 천둥과 번개를 가지고 그들에게 나타나셨습니다. 그리고 그들은 생전에 그런 것은 본 적이 없었습니다"라고 어릿광대는 설명한다. 콘래드가 보기에 많은 유럽인들의 소망으로 여겨지는 것을 성취한 커츠는 그의 명령을 거부하는 사람은 누구든 응징할 준비가 되어 있는 난폭한 인물로 입신했다.

그러나 얄궂게도 커츠는 육체적으로는 이런 묘사에 적합하지 않아 보인다. 창백하고 수척하고 연약한 그를 말로는 종종 인간의 그림자, '속이 텅 비고' 실제로 스스로의 파멸을 원하는 사람으로 묘사한다. 본질적으로 누구든 가질 수 있는, 말로가 지칭하는 '다양한 욕망'에 굴복한 것이 커츠의 영혼에 조종(弔鐘) — 커츠의 말라빠진 몸에 반영되어 있는 조종 — 을 울렸다. 한때는 무서운 독재자였던 커츠는 지금은 '오래된 상아에 새겨진 죽음의 살아 있는 이미지'다. 커츠의 '사나운 여자'가 밀림의 의인화이듯, 커츠 자신은 회사의 구현체, 즉 권력을 위해 그 자신의 권력을 드러내 보이는 힘이다. (커츠가 강 아래로 200마일이나 내려간 후 어떻게 자신의 카누를 돌렸는지 떠올려 보라. 그의 지위가 그에게 부여한 힘을 맛본 커츠는 유럽의 구속적인 '문명'으로 돌아갈 수 없었다.)

커츠가 회사의 구현체임을 함축하고 있는 것 외에도, 그 구절은 커츠와 같이 '위대한 계획'을 지닌 사람들조차 실제로는 그들이 '구출'한다고 주장하는 그 '야만인들'과 똑같다는 것을 암시하기 때문에 중요하다. (각각의 출장소가 어떻게 '더 나은 것들을 향해 나아가는 길의 봉화'가 되어야 하는가를 보여주는 그의 그림과 사상을 떠올려 보라.) 모든 사람에게는 '문명'의 광채 밑에 야만성의 핵이 존재한다. 많은 사람들은 자신들의 이런 부분을 억누르는 반면, 커츠는 그것을 불러일으키는 쪽을 선택했다. 그가 지녔던 이전의 믿음과 '계획들'은 실제로는 아무 의미가 없었다. 거기에는 어떤 실제적인 내용도 없었고, 바로 그렇기 때문에 말로는 커츠를 '속이 텅 비었다'고 말한다. '만습'에 관한 커츠의 보고서는 이런 이중성을 반영한다. 그것의 첫 몇 페이지는 개혁을 위한 웅대한 계획들로 가득 차 있지만, 작성자의 진의는 "야만인들을 몰살하라!"는 후기에서 드러난다.

말로에게 매혹적일 정도로 충격을 준 것은 커츠가 이전에 소중히 여겨왔던 모든 행위의 규범들과 도덕을 버린 것이었다. (회사처럼) 더 이상 '문명'의 힘인 척하지 않는 커츠는 선과 악에 대한 현대의 도덕과 생각의 제한을 넘어섰다. 커츠는 '땅을 힘껏 차서 하늘로 붕 뜬 것 같았다'는 말로의 말은 비유적으로 커츠가 세계에 질서를 부여하는 기본적인 도덕(선과 악에 대한 의식)으로부터 벗어났음을 함축하고 있다. 그러나 이어서 "기막힌 사람이지! 그는 대지를 발로 차서 박살내버렸어"라고 덧붙인다. 바꿔 말하면, 커츠는 새로운 행위 규범이나 도덕을 만들어낸 것이 아니라 도덕이라는 생각 그 자체를 없애버렸던 것이다. 바로 그 이유 때문에 말로는 그에게 국가, 재정, 심지어는 인간성이라는 이름으로 '호소하지' 못한다. 프랑켄슈타인의 창조물처럼 커츠는 세상 안에 있지만 세상에 속해 있지는 않다.

회사는 커츠를 제거하고 싶어한다. 그건 그가 그들의 방법에 담긴 위선을 폭로하기 때문이다. 그는 다른 어떤 대리인보다 더 많은 상아를 모은다. 왜냐하면 그는 그것을 모으는 데 전적으로 야만적인 힘을 이용하며, 말로의 숙모가 신봉하는 것과 같은 그런 철학 뒤에 진짜 의도를 감추고 있지 않기 때문이다. 그러나 회사는 그들의 최고 대리인처럼 '대지에서 떨어져' 있는 것처럼 보이길 원하지 않으며, 그것이 바로 그 대표자들(지배인과 브뤼셀에서 말로에게 커츠의 서류를 달라고 하는 안경 낀 사람)이 절대로 유럽인들이 커츠에 대한 진실을 알지 못하기를 바라는 이유다. 말로는 커츠의 '방법'을 높이 사지는 않지만 어떻게 커츠가 말로와 우리들이 억누르고 있는 자기 자신의 그 부분을 파헤쳐낼 수 있었는지 깨닫는다. 말로에 따르면, 커츠는 주목할 만한 사람이었다. "그는 죽음의 문턱을 넘어서서 한 발짝 내디뎠고, 나는 망설이며 발걸음을 돌렸기"때문이었다. 커츠는 영웅적이지는 않지만 말로가 할 수 있다고 늘 생각했던 모험가 이상이었다. 미지의 대륙을 항해하는 대신, 커츠는 그의 영혼의 미지의 부분들을 항해했다. 이것만으로도 말로는 커츠의 명예를 지킬 필요가 있다고 느낀다. 자기 자신 속으로 그런 여행을 해보지 않은 사람은 아무도 커츠의 여행을 이해할 수 없을 것이기 때문이다.

커츠가 자신의 행위와 '대지를 발로 차서 박살내버린' 것에 대해 어떻게 생각하는지는 정확히 지적하기가 훨씬 더 어렵다. "공포다! 공포!"라는 그의 마지막 말은 수많은 비평적 언급을 낳았다. 말로는 이 말이 커츠가 '완전한 지식을 터득하는 최고의 순간', 즉 그 자신의 어둠에 굴복한 결과가 어떻게 되었는지 정확하게 본 현현(顯現)을 반영한다고 암시한다. 따라서 커츠의 마지막 말을 삶에 대한 변명이나 철회로 해석하지 않도록 주의해야 한다. 〈어둠의 심연〉은 우화가 아니다. 그리고 이 소설의 주제 중 하나는 커츠에 의해 초래된 어둠은 단순히 이 '탐욕적인' 선동가에게만 속하는 것이 아니라 잠재적으로 모든 사람의 마음속에 있다는 것이다. 커츠는 자신의 삶을 내맡긴 그 힘, 또는 그의 '거대한 계획'을 끝마칠 만큼 오래 살지 못할 것이란 사실을 언급하고 있을 수도 있다. 커츠가 임종 시에 하는 말을 콘래드가 의도적으로 애매모호하게 처리한 것은 수많은 해석을 낳는 한편, 독자가 커츠를 적절한 범주와 종류로 축소시킴으로써 느낄 편안함을 거부한다. 아프리카처럼 커츠는 신비스러우며, 그의 '최고의 순간'의 심리 작용 역시 신비하게 남는다.

 그럼에도 불구하고 커츠가 무엇을 했으며 무엇이 그를 몰아갔는지 미미하게 인식하고 있는 유일한 인물은 말로이다. 그리고 바로 그것 때문에 말로는 유럽에 돌아왔을 때 '비위에 거슬리는 가식'에 불과한 '삶에 대한 지식'을 지닌 그곳 사람들이 '침입자들'이란 것을 깨닫는다. 그들의 도덕에 대한 자기만족과 그들 문명의 타고난 '정당성'에 대한 믿음 때문에 그는 '불쾌하다'. 이제 말로는 '정당성'이란 (아프리카에 '문명의 빛'을 가져다주려는 회사의 소망처럼) 허울에 불과하다는 사실을 알기 때문에 그것을 비웃는다. 바로 이런 이유로 말로는 이야기의 서두에서 '지구상 어두운 곳 중 하나인' 영국을 정복한 로마인들에 대해 이야기한다. 이제 제국들은 그가 콩고에서 목격한 그런 종류의 활동들 없이는 건설될 수 없으며, 매우 존중받고 있는 '문명'은 어떤 점에서는 "단지 폭력에 의한 노략질이고, 대규모의 집단 학살이며, 그들은 맹목적으로 그런 일을 저질렀다"는 것을 이해하게 된다. 말로는 커츠가 선택한 길에 동조해 문명을 포기하고 싶어하지는 않지만 더 이상 이전처럼 문명을 열광적이며 안락하게 보지는 않는다. 커츠가 그에게 너무 많은 것을 가르쳐주었다.

말로와 커츠의 약혼녀의 만남은 말로의 마음속에 내재한 이런 갈등을 극화하고 있다. 약혼녀(그녀는 커츠에 대해 거

의 아는 게 없다.)는 원주민 정부(그녀는 그의 '여러 가지 욕망'
을 잘 알고 있었을 것이다.)와 대비되며, 커츠가 지닌 성격의
이중성을 일깨워준다. 1년 넘게 상복을 입고 있는 그녀는 커
츠 추종자들의 완전한 충성을 암시한다. "그녀에게 그는 어제
죽은 것에 불과했다." 그녀의 검은 상복, '회색 후광', 그리고
검은 눈은 소설 전편에 흐르는 빛과 어둠의 비유적 표현의 무
수한 예를 상기시켜준다. 여기서 예외라면 그 이미지들이 그
어느 부분에서보다 더욱 뚜렷하게 드러난다는 것이다. 약혼녀
의 '어둠'은 연인을 잃은 슬픔을 반영하지만, 말로는 더 크고

더 위협적인 어둠, 즉 커츠에 대한 진실을 감추려고 한다.

말로는 약혼녀의 말을 반복함으로써 의도적으로 빈정대려고 하지는 않는다. 그러나 '커츠를 가장 잘 알고' 있는 체하는 순진한 약혼녀의 모습은 말로의 반복되는 말에 신랄한 맛을 부여한다.

말로는 평정을 유지하려고 노력하면서 그 방에 스며드는 물리적·비유적 어둠을 주목한다. 그는 황혼 무렵에 그녀의 집에 도착한다. 대화를 막 시작할 때 그는 방이 '점점 어두워지고' 오직 그녀의 이마만이 '소멸할 수 없는 믿음과 사랑의 빛으로 빛나고' 있는 것을 주목한다. 그녀가 자신은 커츠에 대해 누구보다 잘 알고 있다고 말할 때 말로는 '어둠이 깊어진다'고 언급하며, 마음속으로 그녀 앞에 머리를 숙인다. 커츠에 관한 진실 ─ 비유적으로 밤의 도래에 의해 대변된다 ─ 을 말로는 더 이상 감추기 어렵다. 왜냐하면 커츠에 대한 약혼녀의 잘못된 지식은 대화가 지속될수록 그의 용기를 잃게 하기 때문이다. '황혼의 마지막 불빛'이 사라진 후 말로는 심지어 그녀의 순진함에 '둔중한 분노'를 느끼지만 이런 감정은 그녀의 엄청난 무지를 깨달으면서 '무한한 연민'으로 바뀐다. 바로 이런 이유 때문에 커츠의 마지막 말을 들려달라는 부탁에 "공포다! 공포!"라고 하지 못하며, 대신 커다란 위로와 동시에 커츠의 명성을 보호해 줄 거짓말을 한다. 말로는 거짓말이 나쁘다는 것을 알고 있으면서도 사실을 말하는 것은 '너무나 어두운 ― 너무나 암흑이었기’ 때문에 거짓말을 하지 않을 수 없다. 약혼녀가 말로의 거짓말을 기꺼이 받아들이듯 유럽은 제국을 건설하고 ‘야만인들’을 문명화시킨다는 스스로의 거짓말을 받아들인다.

인물분석
노트

○ 말로

　　말로는 바다에서 살아온 32세의 선원이다. 콩고에서의 경험은 그를 명상적이며 어느 정도 철학적이고 현명하게 만들었기 때문에 이 소설의 화자는 그를 '명상하는 부처'로 표현한다. 모험을 원했던 젊은이 말로는 지도상의 '공터'를 탐험하고 싶어했다. 그러나 콩고 여행은 피를 끓게 하는 일화 이상의 것임이 드러난다. 그곳에서 겪은 경험은 말로에게 모든 사람에게서 발견되는 '어둠의 심연'에 관해 가르쳐준다. (말로 같은) 많은 사람들은 이런 사악한 욕구를 억누르는 반면에 (커츠와 같은) 다른 사람들은 그것에 굴복하고 만다.

　　말로의 주된 자질은 호기심과 회의주의다. 지배인과 벽돌공처럼 겉보기에 순진해 보이는 다른 사람들의 의견에 쉽게 만족하지 않고, 말로는 (숙모가 '무지몽매한 수백만 야만인들을 그런 지독한 생활풍습에서 건져내는 일'에 대해 말할 때처럼) 다른 사람들이 그에게 말하는 불분명한 점들을 엄밀히 검토하기 위해 끊임없이 애쓴다. 하지만 결코 진리를 찾는 십자군 전사는 아니다. 그는 커츠의 약혼녀가 상심하지 않도록 거짓말을 하고, 회사와 커츠를 통해 문명은 결국 거짓이며 인간들이 권력 욕망을 배출하기 위해 만들어낸 제도임을 확신하게 되면서도 궁극적으로는 유럽과 자기 집으로 돌아온다.

　　〈어둠의 심연〉이 전개되면서 말로는 점점 더 그의 환경과 그것이 구현하거나 감추고 있는 '어둠'에 민감해진다. 예를 들면, 본사를 방문할 때는 의사의 말에 다소 놀라고, 검은 털 실로 뜨개질을 하는 두 명의 여자를 보고 당황한다. 외곽 출장소에 도착해서는 그곳에서 목격하는 엄청난 낭비와 생명 경시에 충격을 받는다. 소설의 끝에서 말로는 유럽 사회를 떠받치고 있는 거짓과 '표면적 진실'을 확신하게 되면서 유럽 사회에 다시 동화될 수 없게 된다. 그는 인간의 마음속에 내재한 어둠과 그 어둠이 할 수 있는 일들에 관해 배운 것을 넬리 호의 선상에 있는 사람들과 공유하기 위해 자기 이야기를 들려준다.

○ 커츠

20세기 문학에서 가장 수수께끼 같은 인물 중 한 사람인 커츠는 작은 독재자, 죽어가는 신, 유럽의 구현체, 유럽적 가치에 대한 공격이다. 이런 모순된 요소들이 결합해 커츠는 말로에게는 아주 매력적이고, 회사에는 위협적인 존재가 된다.

말로처럼 커츠 역시 모험을 찾아, 특히 (그가 회사에 보낸 최초 보고서에서 설명하듯이) '인간화하고, 개선하고, 가르치는' 위대한 일을 완수하기 위해 아프리카로 여행하고 싶어 했다. 그러나 밀림에서 행사할 수 있는 힘을 맛보자마자 커츠는 철학적 이상을 버리고 스스로 내륙 출장소의 원주민들에게 신으로 행세한다. (그의 그림이 증명하듯) 그는 예전에는 콩고에 문명의 '빛'을 가져다줄 최선의 방법을 찾기 위해 애태운

반면, 결국 회사가 '야만인들을 몰살해야 한다!'고 믿는 인간으로 죽는다.

커츠는 콩고에 대한 회사의 '인간적인' 의도가 거짓임을 드러내기 때문에 위험한 사람이다. 그는 절대적인 힘을 이용해 다른 출장소들 모두를 합친 것보다 더 많은 상아를 보냈다. 이것은 지배인 같은 사람들을 위협한다. 지배인은 커츠의 '불건전한 방법'을 불평하지만, 사실 커츠는 가식 없이 회사가 전반적으로 추구하는 일을 하고 있다. 말로는 "전 유럽이 커츠를 만드는 데 기여했다"고 말하고, 커츠의 존재 그 자체가 이것이 진실임을 증명한다. 그 회사와 같은 기업에 연관된 유럽인들처럼 커츠는 말로가 콩고에서 관찰하는 미친 듯한 탐욕과 욕망의 전형이다. 그러나 회사와는 달리 커츠는 자기 이미지나 지배인 같은 '해를 끼치는 바보들'이 자기를 어떻게 인식하는지에는 관심이 없다. 브뤼셀이 위선의 '하얗게 칠한 무덤'이라면, 커츠는 그의 욕망에 아주 솔직하다. 그는 지배인에게 "당신이 믿고 싶어하는 만큼 병들지는 않았다"고 말한다. 그러나 이런 진술은 제국 건설에 관여하는 모든 유럽인들에게 적용될 수 있다. 커츠를 도덕적으로 '병든' 사람으로 낙인찍으면 위안이 될지 모르겠지만, 그는 실제로 어느 곳에서나 사람들의 마음속에 도사리고 있는 충동들의 과장된 표현이다.

○ 지배인

　　어떤 점에서 커츠가 유럽을 구현하고 있다면 지배인은 그가 콩고에서 대리하고 있는 회사를 구현하고 있다. 지배인의 주된 관심사는 회사 내에서의 지위를 지키는 것이다. 그는 커츠가 자기 자리를 빼앗으려 한다고 오해하고 있다. 교활한 거짓말쟁이인 지배인은 보급품이 커츠에게 도달하는 것을 막기 위해 말로의 증기선을 고의로 파괴한다. 그가 커츠의 건강에 대해 염려하는 것을 말로도 커츠도 믿지 않는다. 지배인이 커츠에게 그를 구하러 왔다고 말하자 커츠는 "상아를 구하러 왔다는 말이겠지"라고 응수한다. 커츠가 죽은 후 말로는 커츠의 방을 나오면서 그를 바라보는 지배인의 눈에 경쟁자의 죽음에 대해 알고자 하는 열망이 가득한 것을 느낀다. 말로에 따르면, 지배인은 '불안감을 조성'하며, 말로에게서 커츠와 그의 활동에 관한 정보를 얻기 위해 이런 능력을 이용하려고 한다. 그는 평판이 좋은 운영을 할 만한 힘을 갖고 있지만 이것이 상아의 흐름을 저해할까 두려워 그렇게 하지 않는다.

○ 회계원

　　회계원은 이 소설에서 잠깐 등장하지만 회사의 목표와 방법을 의인화하고 있기 때문에 중요한 인물이다. 그가 모든 시간을 밀림 한가운데서 장부와 함께 보낸다는 사실은 회사가 이익을 얼마나 중시하는지 암시한다. 더구나 더없이 하얗고 깨끗한 그의 옷은 나머지 세계에 '도덕적 결점이 없어' 보이려는 회사의 욕망을 보여준다. 죽어가는 사람이 그의 오두막에 실려 들어오자 회계원은 "이 병자의 신음소리가 내 정신을 흐트러지게 해요. 그렇지 않아도 이런 기후에선 사무적인 과오를 피하기가 어려운데"라고 불평한다. 회사처럼 회계원은 환자가 '사무적인 과오'를 피하는 데 '관심'을 집중할 수 있도록 사람들이 없는 곳에서 죽기를 바란다. 질병과 죽음은 사업의 불가피한 일부이며, 만약 우리가 머뭇거린다면 우리의 주된 목표―이익을 계산하는 것―로부터 '정신이 흩트러지기' 쉽다. 얄궂게도 이런 이익은 회사가 파괴하는 원주민들을 돕는 데 쓰일 것으로 기대된다.

회계원은 또한 중앙 출장소에는 출세를 위해서라면 무슨 짓이든 할 대리인들이 있다는 사실뿐만 아니라, 백인들이 원주민들에게 가지고 있는 엄청난 증오심을 암시한다.

○ 어릿광대

러시아인인 그는, 옷에 덧대 기운 색색가지 천 조각들 때문에 말로가 어릿광대라고 부른다. 얼룩덜룩한 옷을 입은 광대의 이미지는 또한 커츠의 '궁중 재담꾼'으로서의 위치를 암시한다. 커츠의 살해 위협에도 불구하고, 어릿광대는 오직 커츠의 지성과 카리스마와 지혜를 주체할 수 없을 정도로 찬

미한다. 그는 말로의 여행이 초래할 수도 있는 한 가지 결과로서의 역할을 한다. 말로는 자신의 회의적인 자아를 유지할 것인가, 아니면 그를 매혹시킨 바로 그 '마법'의 먹이가 되고 말 것인가? 어릿광대는 커츠에 대해 "이 분은 제 마음을 넓혀주셨습니다"라고 말하며, 그 역시 말로처럼 커츠의 목소리가 매혹적이고, 충격적이고, 강렬하다는 것을 깨닫는다.

○ 약혼녀

어릿광대처럼 커츠에게 절대적으로 헌신한다. 아프리카에서 돌아와 그녀를 방문한 말로는 그녀가 1년 이상이나 상복을 입었으며 여전히 애인의 마지막 날들에 대해 알고 싶어 한다는 것을 발견한다. 그러나 그녀는 커츠의 참모습보다는 이미지에 헌신한다. 그녀는 커츠의 '말'과 '본보기'에는 그가 그 회사에서 일을 시작할 때 지닌 고결한 목적으로 가득 차 있다고 가정하고서 그것을 찬미한다. 그녀의 헌신이 너무나 절대적이어서 말로는 커츠의 진짜 마지막 말("공포다! 공포!")을 전하지 못하고, 커츠에 대한 그녀의 잘못된 믿음에 힘을 실어줄 거짓말을 해야 한다. 상징적 차원에서 보자면, 약혼녀는 커츠 같은 사람들의 '어둡고' 감추어진 부분들을 고려하지 않고, 그 위대성을 믿고 싶어하는 많은 유럽인들과 같다. 자신들이 구원하고 있다고 공언하는 바로 그 사람들에게 상처를 입히곤 하는 유럽의 선교사들처럼, 약혼녀는 잘못 인도된 영혼

이다. 말로의 거짓말에 대한 그녀의 믿음은 유럽인들(즉, 회사)
이 아프리카에서 펼치는 사업에 대한 환상에 매달리려는 욕구
를 드러낸다.

o 커츠의 원주민 정부

커츠가 떠나는 것을 비난하는 그 콩고 여자는 커츠의
약혼녀와는 완전히 대비된다. 약혼녀가 순수하고 순진한 반면,
원주민 정부는 대담하고 강하다. 그녀는 많은 욕망을 지닌 커
츠의 이런 면을 구현하고 있다. 그녀는 어릿광대가 커츠에게
지나치게 참견하는 것을 알고 그를 위협해 결국 내륙 출장소
를 떠나게 한다.

o 프레슬레븐

비록 한 대목에서만 언급되지만 그는 밀림이 문명화된
사람들에게 미치는 힘을 반영한다. 프레슬레븐은 아프리카로
떠나기 전에는 친절하고 상냥한 사람으로 묘사되었다. 그러나
콩고에 노출된 이후 야만스러워졌고, 한 원주민 추장과의 무
의미한 싸움으로 살해되었다. 그의 해골 사이로 자라고 있는
풀은 밀림이 문명인들에게 미치는 힘을 암시한다. 어릿광대와
마찬가지로 프레슬레븐은 콩고 강을 거슬러 올라가는 말로의
여행이 초래할 수도 있는 하나의 결과를 보여준다.

마무리 노트

액자 소설 기법

〈어둠의 심연〉을 처음 읽는 독자라면 말로의 이야기를 넬리 호의 갑판에서 듣는 익명의 화자가 독자에게 전달하도록 한 콘래드의 결정에 당황할지 모른다. 그런 독자는 도대체 왜 콘래드가 〈어둠의 심연〉을 액자 이야기로 만들고자 했으며, 왜 많은 1인칭 화자들처럼 말로가 직접 이야기를 전달하는 것으로 시작하지 않았는지 궁금할 것이다. 그 이유는 콘래드의 액자 화자 역시 독자와 마찬가지로 유럽 제국주의가 많은 거짓말에 토대를 두고 있다는 것을 배우기 때문이다. 이 소설의 끝부분에서 말로의 이야기는 배와 사람들에 대한 화자의 태도를 의미심장하게 바꿔놓는다.

〈어둠의 심연〉은 콩고 강을 힘겹게 거슬러 올라가는 증기선상에서 시작되는 것이 아니라, 제국의 해외 정복이 아닌 국내 교역에 이용되는 '범선'의 갑판에서 시작된다. 모든 것은 고요하다. 돛은 펄럭이지 않고, 파도는 가라앉고, 바람은 '거의 잔잔'하다. 곧 독자는 화창한 유럽적 배경과 나중에 묘사되는 혼돈스럽고 위협적인 아프리카의 풍경 사이의 대비를 목격한다.

화자는 하루가 저물 녘에 말하기 시작한다. 그가 묘사하는 하늘과 날씨는 아름다움과 신비로움을 모두 암시한다. 그 묘사는 넬리 호 선상의 분위기에 영향을 미치는 동시에 말로가 커츠에게 점점 가까이 다가갈 때 발견하는 도덕적 '아지랑이'와 '안개'를 반영한다. 따라서 그 오후는 말로가 앞으로 펼쳐나갈 이야기처럼 애매모호하고, 수심에 잠긴데다 '어둡다'.

말로에게 "삽화라는 것의 의미는 과일의 씨처럼 그 안에 파묻힌 것이 아니라 밖에 있는 것이다. 찬란한 햇빛이 아지랑이를 만들어내듯이 삽화를 통해 의미를 나타내준다"고 화자가 말하는 것에 주목하라. 이것은 말로의, 그리고 확대하자면, 콘래드의 기교를 묘사하는 중요한 말이다. 즉, 〈어둠의 심연〉은 한 사람이 목격하는 공포에 관한 이야기인 동시에 바로 그 사람이 자신의 경험을 말로 옮기려고 애쓰는 것을 다룬다. 따라서 말로가 이야기하는 방식은 이야기 자체만큼이나 이 소설의 일부다. 따라서 밀림을 묘사하는 문장 ─ "그것은 헤아릴 수 없는 의도를 품고 있는 하나의 무자비한 힘이 지닌 침묵이었다"─ 과 만습퇴치협회에 보낸 커츠의 보고서에 관한 문장 ─ "그것은 무언가 장엄한 인자함이 지배하는 이국적인 무한한 광대성 같은 것을 연상시켰다"─ 은 말로가 콩고에서 본 것의 의미를 완전히 명료하게 표현할 수 없다는 것을 보여준다. 말로의 언어는 넬리 호 위의 하늘처럼 이따금 '아지랑이가 끼고', 명백하게 설명하려고 하는 바로 그 주제들을 표현하지 못한다.

그러나 콘래드는 말로가 말하기 전에 독자에게 화자의

평가와 가정들을 흘끗 보여준다. 그는 먼저 템스 강을 그것을 길들인 사람들에게 '끊임없이 봉사'하기 위해 존재하는 '유서 깊은 흐름'이라고 말한다. "이 역사 깊은 강은 여러 세기 동안 양쪽 기슭에 사는 종족에게 풍요로운 혜택을 제공해 온 후 서녘 노을이 깔린 이 시간에도 넓은 상류에서 물결 하나 일으키지 않았다." 화자에게는 자연은 인간, 특히 인간의 상업과 교역에 봉사하기 위해 존재하는 것이다. 인간이 자연을 지배한다는 이런 생각에 대해 말로는 이 소설의 후반부에서 의문을 제기한다. 그는 밀림을 바라보며 묻는다. "이곳까지 방황해 온 우리는 대체 무엇일까? 이 정적을 지배하는 것은 우리들인가, 아니면 우리는 그것에 지배를 받고 있는 것인가? 이 말 못하는 정적, 그리고 듣지도 못하는 정적의 위대함, 그 엄청난 거대함을 나는 절실히 느꼈어. 그 안에는 무엇이 있는 것일까?" 따라서 말로의 이야기를 액자에 넣는 콘래드의 이유는 명백해지기 시작한다. 화자의 평가와 가정들은 비록 간접적으로나마 말로의 이야기에 의해 도전을 받는다. 그리고 독자는 이 두 가지 관점을 인간이 자연과 또 그 속에서 살고 있는 인간들과 맺는 관계에 대한 두 가지 다른 이해로서 받아들여야 한다. 비록 화자는 템스 강이 '지구의 궁극적인 끝'으로 통한다고 말하지만 그는 결코 문명화된 런던이 (말로가 부르듯이) '지구의 어두운 장소들 중 하나'일 수 있다고는 상상하지 않는다.

　화자와 말로의 태도에 나타나는 현저한 차이점은 화자

가 영국의 영광스러운 과거에 대해 말하는 방식에서 좀더 쉽게 드러난다. 그에 따르면, 템스 강은 영국이 힘썼던 교역과 탐험의 노력에 기여해 온 강이다. 그는 조국의 과거에서 영광과 자부심을 발견하고, 바다의 '무예 수도자들'이 문명의 '신성한 불에서 나온 불꽃'을 지구의 가장 멀리 떨어진 구석까지 가져다주었다고 확신한다. 이 '기사들'은 '칼'에 의존했겠지만 그들은 또한 '횃불'을 전함으로써 세계를 좀더 번영하고 문명화된 곳으로 만들었다. (말로가 중앙 출장소에서 보는 커츠의 그림을 회상해 보라.) 화자는 그 사람들과 배에 대해 알고 있으며, 그들에 대해 경건한 목소리로 말한다. 유럽의 과거는 미지의 세계를 정복하는 용감한 모험의 역사이며, 그 과정에서 '사람들의 꿈'을 '공화국의 씨'와 '제국의 새싹'으로 바꿔놓는다.

분명히, 유럽을 문명화하고 '횃불을 나르는' 힘으로 보는 이런 관점은 말로가 이야기에서 묘사하는 유럽과는 다르다. 회사와 같은 기관들은 (커츠가 만습퇴치협회에 보낸 보고서와 회계원의 사무실에 걸려 있는 그림이 암시하듯) 표면상으로는 지구상의 운이 덜 좋은 사람들을 도와주기를 바라겠지만 말로는 제국주의에 대한 화자의 설명이 거짓말이라는 것을 안다. 그가 만나는 유럽인들은 '무예 수도자들'이 아니라 '신앙심 없는 순례자들'에 불과하다. 회사는 '그 신성한 불에서 불꽃'이 아니라 죽음만을 가져다주며, '시간의 어둠 속에서' 빛나는 '보석'이 아니라 '탐욕적이고', '시력이 약한 악마'에 불과하다. 따라서 말로의 이야기는 아마 화자와 비슷한 생각을 갖고 있을 독자들에게 회사의 직원들을 위대한 임무에 종사하는 사람들이기보다는 '악몽의 세계로 들어가는 고달픈 여정'에 있는 사람들로 볼 것을 요구한다.

이 소설의 끝에서 말로의 이야기는 유럽 제국주의에 대한 화자의 태도를 의미심장하게 바꿔놓는다. 화자는 말로를 '명상에 잠긴 부처'에 비유한다. 분명히 그는 말로의 가르침에 감화를 받았다. 회사 중역은 말로의 이야기로 야기된 불안한 침묵을 깨고 싶어 "우린 썰물을 놓쳐버렸어"라고 말하지만 화자는 말로의 생각에 큰 영향을 받고, 그의 깨달음은 그가 템스 강—'무한한 어둠'으로 인도하는 어두운 강—을 바라보며 그것을 묘사하는 데 영향을 미친다.

회사 중역은 그의 생활이 아마 말로가 방금 묘사한 그런 끔찍한 과정들로 이루어져 있기 때문에 초연하다. 오직 화자와 독자만이 말로의 요점을 이해한다. 즉, '문명화된' 유럽도 역시 한때 '어두운 땅'이었으며, 다만 그 회사와 같은 기관들의 활동으로 인해 도덕적으로 조금 더 어두워졌을 뿐이다.

지옥의 묵시록

〈지옥의 묵시록 *Apocalypse Now*〉은 〈어둠의 심연〉을 바탕으로 한 프란시스 포드 코폴라 감독의 영화로, 월남의 밀림이 배경이다. 대부분의 비평가는 이 작품이 미국의 베트남전 개입에 대한 강력하고 중요한 시험일 뿐만 아니라, 콘래드의 소설과 마찬가지로, 모든 인간의 마음속에 잠재하는 어둠에 대한 당혹스러운 처리라는 데 동의한다. '묵시록'은 지구가 성경의 불에 의해 파멸할 때처럼 세상의 종말을 의미한다. 영화 제목이 암시하듯 코폴라는 베트남의 은유적인 '어둠'이 그곳에서 싸우도록 파견된 사람들의 마음에 어떻게 묵시록을 야기하는지 탐구한다.

코폴라는 그의 영화에 콘래드 소설의 기본 구조를 유지했다. 〈어둠의 심연〉이 회사의 다른 출장소들과 마침내는 커츠를 찾아 강의 상류로 가는 말로의 여행을 따라가듯 코폴라의 영화도 유사한 방식으로 이동한다. 주인공 육군 대위(윌러드)는 명령을 받고, 승무원들을 소집해 늉 강을 서서히 거슬러 올라가 마침내 탈영한 장교(월터 커츠 대령)를 만나 암살한다. 두 명의 커츠는 상관들의 동기와 방법을 혐오하고 폭로하기 때문에, 회사와 군대는 그들의 '커츠'가 죽기를 바란다. 어디로든 가려고 하는 그들의 의지는 상관들을 불안에 떨게 한다. 상관들은 그들의 진짜 목적(〈어둠의 심연〉에서는 상아이고, 〈지옥의 묵시록〉에서는 권력)과 그것을 수행하는 방법이 노골적으로 드러나는 것을 원치 않는다.

콘래드의 회사와 마찬가지로 코폴라의 군대는 지리멸렬한 사람들의 무리로, 중심인물들은 그 무리의 위선을 의심한다. 회사가 아프리카에 '빛'을 가져다주는(커츠의 그림을 회상해 보라.) 철학적이고 인간적인 조직의 가면을 쓰고 있듯이, 군대(윌러드에게 임무를 부여하는 코만 장군과 루카스 대령에 의해 구현)는 커츠 대령이 명령을 어기고 마음대로 싸우기 시작한 사실에 매우 당혹스러운 체한다. 군대는 커츠 대령을 네 명의 베트남 이중 첩자를 살해한 혐의로 기소했으며, 그것이 그의 지휘권을 '박탈하려는' 표면상의 이유다. 그러나 윌러드는 그들의 허울을 꿰뚫어 보며 "여기서 누군가를 살인죄로 기소하는 것은 인디 500*에서 속도위반 딱지를 떼는 것과 같다"고 혼잣말을 한다. 〈어둠의 심연〉에서 지배인이 커츠의 건강을 몹시 염려하는 척하는 것처럼, 코만 장군은 윌러드에게 "누구나 한계점을 갖고 있어. 월터 커츠는 명백히 한계점에 도달했네"라고 말할 때 고통스럽고 근심에 찬 듯이 행동한다.

그러나 줄거리 이상으로 인상적인 유사점은 등장인물들이다. 말로의 아프리카 여행이 모험 이상의 것이 되듯이 커츠 대령을 죽이는 윌러드의 임무는 명령 이상이 된다. "그 일

---

* **인디 500**(Indy 500): 미국 인디애나폴리스에서 해마다 열리는 자동차 경주.

을 끝마쳤을 때 나는 결코 또 다른 일은 원치 않았다"라고 그는 설명한다. 둘 다 여행의 결과 더 현명해지긴 하지만 더 흔들리며, 그들이 여행한 '어둠의 심연'과 관련된 발견에 관해 가르쳐주기 위해 그들의 이야기를 (말로는 넬리 호에서, 윌러드는 심중을 말하는 목소리로) 독자 및 관객들에게 말한다.

윌러드는 말로처럼 영화가 진행되어가면서 그를 둘러싸고 있는 도덕적 어둠을 더욱 인식하게 된다. 그러나 이 인물들 사이의 중요한 차이라면 윌러드는 영화가 시작될 때 이미 그를 둘러싼 '공포'에 익숙한 사람이라는 점이다. 영화의 시작 장면은 사이공 호텔에 있는 윌러드를 보여준다. 그의 침대용 스탠드 위에는 권총이 놓여 있으며(그는 이미 자살할 생각을 했다.), 그는 첫 임무를 수행한 후 미국에서의 삶에 적응할 수 없었다고 토로한다. 코폴라는 윌러드가 삶에 목적을 부여할 임무를 얼마나 절실히 원하는지 보여주기 위해 비명을 지르고 울고 거울을 깨는 모습을 보여준다. 또 다른 차이점은, 말로는 모험의 갈증을 풀기 위해 지도상의 '공터'를 탐험하고 싶어한 반면, 윌러드는 (자신이 두려워하고 있는 것처럼) '더욱 나약해'지지 않기 위해 임무를 필요로 한다.

커츠 대령이 군대에 제기하는 문제는 좀더 살펴볼 만한 가치가 있다. 콘래드의 커츠처럼 그는 '비범한 인물'—특전부대원, 공수대원, 합동참모본부의 요직 후보—이었다. 윌러드는 커츠가 상부의 지시 없이 비밀첩보대('대천사')를 조직했다는 것을 알게 된다. 그 조직의 결성으로 그는 군법회의에 회부될 수도 있었지만, 오히려 그 뉴스가 공표되자 대령으로 승진했다. 커츠는 전투에서 계속 승리를 거두고 점점 더 강해졌다. 그리고 마치 콘래드의 커츠(그는 다른 출장소를 모두 합친 것보다 더 많은 상아를 가져온다.)가 지배인을 초조하게 만드는 것처럼 이런 힘으로 군대를 위협하게 된다. '유럽 전체가 커츠를 만드는 데 기여'했듯이, '미국 전체'가 커츠 대령을 만드는 데 기여했다. 그는 한때 힘과 용기라는 전통적인 미국적 가치를 구현했지만 일단 전쟁의 어둠을 흘낏 보고 난 후에는 주요한 일부로 참여했던 위선을 지지할 수 없는 사람이 되었다.

월러드는 커츠 대령이 아들에게 보낸 한 통의 편지를 읽는다. 그 편지는 한때 그를 추켜세웠던 조직에 대한 증오심을 보여준다. 군은 커츠 대령을 네 명의 베트남 이중첩자를 처형한 것 때문에 기소했지만 그 기소는 '이런 전투상황에서는 완전히 미친 짓'이라고 설명한다. 편지는 계속 이어진다.

"전쟁에서는 동정을 베풀고 부드러운 행동을 해야 할 순간이 많다. 비정한 행동을 해야 할 순간도 많다. 종종 '비정하다'고 불리는 행위는 많은 환경에서는 명쾌함에 불과할 것이다. 어떤 일을 해야 하며, 하고 있는지 분명히 봐야 한다. 그것도 직접, 재빨리 보아야 한다."

커츠 대령은 이중간첩을 죽이는 것은 군인의 '명쾌함'

을 보여주는 것에 불과하다고 느낀다. 즉, 첩자들은 체포되었으며, 그들은 적이었고, 따라서 죽였다. 커츠가 혐오하는 것은 군이 의도적으로 '투명성'을 결여하고 있다는 점이다. 그는 그들이 (이 전쟁에서) '비정하게' 보여서는 안 되며, 따라서 그의 이름을 더럽히고 그의 행동을 불건전한 것으로 보이게 하려고 한다는 것을 알고 있다. 커츠 대령의 편지는 거짓말에 대한 증오심을 보여주며 끝난다. "나에게 가해진 비난에 대해서는 관심이 없다. 나는 그들의 소심하고 거짓된 도덕을 초월하고 있으며, 따라서 걱정하지 않는다." 나중에 커츠 대령은 "우리는 사람들에게 포화를 퍼붓도록 젊은이들을 훈련시키면서도 그들이 비행기에 '엿 먹어라'고 쓰는 것을 허용하지 않는다. '외설스럽기' 때문이다"라고 말한다. 커츠는 바로 이런 위선에 화가 나서 더 이상 군대의 '소심한' 도덕적 지침에 따라 살 수 없는 지경에까지 이른다. 마치 콘래드의 커츠가 더 이상 회사에서 제시한 '방법들'에 머물 수 없는 것처럼. 그들은 모두 상관들의 거짓말을 혐오한다. 지배인이 커츠를 '구출하기' 위해 내륙 출장소에 도착할 때 커츠가 지배인에게 "날 구하겠다고! 상아를 구한다는 뜻이겠지. 그런 말은 마시오. 날 구한다니!"라고 말하는 것을 상기해 보라. 뒤이어 자기 건강에 대해 지배인에게 하는 말("당신이 믿고 싶어하는 만큼 아프진 않아!")은 커츠의 편지에 상응한다. 회사와 군대는 진실을 받아들이기보다는 '커츠들'이 미쳤다고 가장하고 싶어한다. 말하자면 그 두 사람은 각자 자신들 조직의 진면목을 본다.

윌러드가 영화의 마지막 부분에서 커츠를 만날 때, 코폴라는 커츠의 힘뿐만 아니라 이 힘이 커츠에게 낳은 권태를 강조한다. 윌러드는 커츠에게 갇힌다. 어느 비 내리는 밤, 커츠가 윌러드를 깨우고, 윌러드의 부하 머리를 무릎에 내던진다. 마치 "이것이 내가 변덕이 나면 할 수 있는 일이야"라고 말하는 듯하다. 그러나 이렇게 힘을 과시한 후 커츠는 윌러드가 건강을 되찾도록 보살펴주기 시작하며, 코폴라는 마침내 커츠가 윌러드의 임무를 알고 있으며 좀더 중요하게는 그 임무를 완수하기를 바란다는 생각을 분명히 한다. "만약 내가 아직도 살아 있다면 그것은 단지 그가 원했기 때문이다"라고 윌러드는 말한다. 〈어둠의 심연〉의 커츠처럼 커츠 대령은 심신을 피로하게 하는 공허한 삶을 지속할 수 없다. 두 사람의 커츠는 '잊혀진 야만적인 본능'의 유혹에 굴복하며, 그 결과 그들의 삶이 '공허'해지는 것을 발견한다. 윌러드가 칼을 들고 커츠 대령에게 다가갈 때 윌러드의 심중을 말하는 목소리는 밀림을 포함한 "모든 사람이 내가 이 일을 하길 바란다. 그에게 정말 명령을 내린 사람은 바로 이 밀림이다"라고 말한다. 커츠 대령은 자기가 자신에게 했던 일을 깨달은 후 (윌러드가 설명하듯이) '그 고통을 끝내줄 누군가'가 필요하기 때문에 죽고 싶어한다. 윌러드가 커츠를 살해할 때 그는 거의 저항하지 않는다. 코폴라는 커츠 대령이 군대의 죄를 대신해 '희생되었다'는 것을 암시하기 위해 커츠 대령의 살해 장면에 황소의 희생을 삽입한다. 마침내 그는 콘래드의 커츠와 똑같이 애매한 마지막 말을 남긴다.

월러드는 커츠 대령을 살해한 후 손에 칼을 든 채 오두막을 나와 배로 걸어가면서 커츠의 추종자 수백 명이 그에게 절하는 것을 본다. 월러드는 흠칫 망설인다. 그러나 잠시 후 그는 배와 그것이 제공하는 안전으로 돌아간다. 따라서 〈어둠의 심연〉과 〈지옥의 묵시록〉에서 두 주인공은 같은 교훈을 얻는다. 즉, 커츠처럼 '계몽'되고 존경받는 사람조차도 사회의 통제력에서 벗어나면 그의 어두운 측면에 굴복할 수 있다는 것이다. 두 주인공은 또한 커츠를 기다리고 있던 운명에서 벗어나지만 그들의 가장 기본적인 도덕적 믿음에 도전하는 '불가해한 어둠'에 직면하게 된다. 그 두 사람은 각자의 커츠를 만나지 않았더라면, 자신들의 이야기를 시작할 때보다 세상이 덜 어두웠다고 생각했을 것이다. 그러나 콘래드와 코폴라가 암시하듯이, 우리는 이미 얼핏 본 것을 '보지 않을' 수 없다. 말로와 월러드는 뒷걸음질을 칠 수는 있지만 그 가장자리에 놓여 있는 것을 결코 잊을 수는 없다.

이 부분은 원작에 대한 이해력을 테스트하는 난입니다. 다음의 세 가지 코너를 풀고 나면, 〈어둠의 심연〉에 대한 포괄적이고 의미 있는 파악이 가능해질 것입니다.

A 다음 질문에 알맞은 답을 고르시오.

1. 말로는 어떤 이유로 콩고에 가고 싶어하는가?

   a. 야생 세계를 탐험하기 위해
   b. 큰 돈을 벌기 위해
   c. 원주민들을 교화하기 위해
   d. 위의 보기 모두 해당

2. 콩고를 항해하면서 말로는 식인종 승무원의 어떤 면을 높이 샀는가?

   a. 힘
   b. 지성
   c. 자제력
   d. 달변

3. 커츠를 구조하는 말로의 임무는 부분적으로 누구의 방해를 받는가?

   a. 회계원
   b. 지배인
   c. 약혼녀
   d. 키잡이

정답: 1 a. 2 c. 3 b.

1. 미지의 땅의 미스터리 속으로 들어가는 저 강의 간조 위를 떠다니지 않았던 그 대단한 위대성! 인간의 꿈, 연방의 씨앗, 제국의 싹.

2. 정확하게 기록해야 하는 삶은 저 야만인들을 싫어하게 되죠. 죽도록 말이에요.

3. 우리는 선사시대 땅, 미지의 행성과 같은 땅의 방랑자였지요.

4. 공포다! 공포!

5. 그분께서 마지막 하신 말씀은… 당신 이름이었습니다.

모범답안: 1. 소설의 도입부에서 화자가 하는 말. 이 증기선은 그가 처음에 유럽 제국주의를 인정한 것을 반영한다. 2. 외곽 출장소의 회계원이 하는 말. 회사가 이윤을 중요시 하는 것을 보여준다. 3. 콩고로 들어가면서 말로가 하는 말. 이 대사는 그가 가진 문명을 제거하는 것을 보여준다. 4. 커츠가 말로의 증기선에서 죽어가면서 한 말. 말로는 이 말을 자기 판단의 행위로 여긴다. 5. 말로가 하는 말. 커츠가 마지막 남긴 말에 대해 약혼녀에게 거짓말 한다. 말로는 커츠가 정글에서 어떻게 변했는지 숨기기 위해 약혼녀에게 이렇게 말하는 것이다.

C 다음 주제에 대해 간단히 서술하시오.

1. 말로가 콩고 강을 여행하는 것이 자기 내면으로의 여행이라고 어떻게 볼 수 있는가?

2. 말로와 커츠를 비교하시오. 이 두 남자는 각각 회사와 아프리카를 어떻게 생각했는가? 이 생각은 어떻게 바뀌었는가?

3. 이 소설에서 콘래드가 구사한 빛과 어둠(백과 흑)의 이미지에 대해 서술하시오.

4. 콘래드는 이 작품을 왜 액자소설로 썼는지 서술하시오.

5. 말로와 〈지옥의 묵시록〉의 윌러드를 비교하시오. 두 남자는 커츠의 내면에서 맞닥뜨리는 '어둠의 심연'과 어떻게 대면하는가?

은밀한 공유자

The Secret Sharer

작품노트

작품의 개요

● 선원 이야기

"은밀한 공유자 The Secret Sharer"는 1910년에 출판되었다. 〈어둠의 심연〉과 마찬가지로, 작가의 경험에 기초한 이 이야기는 콘래드의 예술적 목적에 맞춰 몇몇 사실들이 바뀌었다. 1880년대에 커티삭 호의 항해사가 반항적인 선원과 언쟁을 벌이다 살인을 저지르는 사건이 벌어졌다. 이 이야기의 화자인 캡틴(선장)과 친구가 되는 살인자 레가트처럼, 커티삭 호의 항해사 역시 처벌을 피해 새로운 운명을 향해 헤엄쳐갔다. 〈어둠의 심연〉과 마찬가지로 콘래드는 큰 주제들을 탐구하기 위해 선원의 이야기를 이용한다.

이 이야기는 또한 마크 트웨인의 〈허클베리 핀의 모험 *The Adventures of Huckleberry Finn*〉, 찰스 디킨스의 〈데이비드 코퍼필드 *David Copperfield*〉, 제임스 조이스의 〈젊은 예술가의 초상 *A Portrait of the Artist as a Young Man*〉처럼 성장소설로 읽을 수도 있다. 이런 의미에서 이 작품을 좀더 깊이 살펴보면, 전형적인 모험 이야기에서 상징이 풍부한 우화로 변모한다.

● 생령(生靈)의 주제

"은밀한 공유자"는 처음 읽을 때는 구식 해양 모험소설

같아 보인다. 이 이야기는 캡틴, 선원, 불가사의한 사건, 살인자, 임박한 재난, 배의 구조가 특징을 이룬다. 이 작품은 모험담인 동시에 모든 사람이 지니고 있는 이중적 본성, 그리고 자아가 성장하기 위해 이런 이중성을 어떻게 해결해야 하는지를 보여주는 심오하면서도 불안한 시험이다. 콘래드는 생령의 주제―등장인물과 닮은 사람이나 또 다른 나―를 이용해 처음 배를 지휘하는 젊지만 우유부단한 캡틴의 이중적인 본성을 탐구하게 된다. (생령의 주제는 〈어둠의 심연〉에서도 발견된다. 커츠는 상징적 차원에서 보면 말로가 억누르려고 애쓰는 마음속 어둠을 나타낸다.)

"은밀한 공유자"는 2주간만 배를 지휘하게 된 젊은 캡틴의 이야기다. 그는 못 미덥고 미숙하며, 선장으로서 소신대로 배를 지휘하려면 마땅히 지녀야 할 권위를 선원들에게 약간 휘둘리고 있다고 느낀다. (레가트가 도망쳐 나온 배) 세포라 호의 선장처럼, 캡틴은 자신의 명예, 그리고 지휘기간 동안 명예를 지킬 수단에 대해 고민한다. 그는 배를 성공적으로 지휘하는 데 필요한 용기와 신념이 결여되어 있기 때문에, 마음씨 좋긴 하지만 나약한 선장의 전형적인 예가 된다. 레가트가 바다의 심연―어쩌면 결점을 고치고 싶어하는 캡틴의 무의식적 욕망의 상징―에서 나타나자마자 그의 인격은 변하기 시작한다.

레가트와의 만남은 캡틴을 명백하고 미묘한 방식으로

바꿔놓는다. 레가트는 끔찍한 폭풍우가 몰아칠 때 세포라 호를 구한 동시에 건방진 선원 한 사람을 죽인다. 그는 그 선원을 고의로 죽이진 않았지만, 힘이 있고 조금은 사악한 인물이다. 따라서 (범법자인) 레가트는 인간의 좀더 잔인하고 비이성적인 면을 대변하는 반면, 캡틴은 좀더 문명화되고 세련된 면을 대변한다. 비록 캡틴은 배를 규율에 따라 운행해야 한다고 생각하지만, 레가트는 그 건방진 선원이 돛을 고치는 데 도와주지 않았기 때문에 폭력을 행사해 규율을 어겼다. 따라서 캡틴은 인간의 합리적이지만 소심한 면을, 레가트는 불합리하지만 용감한 면을 보여준다. 캡틴과 레가트를 합치면 완벽한 지휘관이 된다. 콘래드는 레가트가 어떻게 캡틴에게 영향을 미쳐 완벽한 지휘관으로 변화시키는지를 추적한다.

　　콘래드는 생령의 주제를 사용함으로써 독자로 하여금 자신의 이원성에 대해 생각하고, 성격의 합리적인 면과 불합리한 면, 소심한 면과 대담한 면, 공적인 면과 사적인 면 사이의 균형을 잡도록 노력하게끔 한다. "은밀한 공유자"에 따르면, 인격은, 자신이 결여하고 있다고 생각되는 부분을 들여다보게 만들고 그것이 드러나기를 가만히 기다리고 있음을 발견하게 해주는 타인들과의 접촉으로 형성된다.

줄거리

"은밀한 공유자"는 시암 만(지금은 태국 만)에 정박하고 있는 한 배에 최근 캡틴으로 임명된 익명의 화자와 더불어 시작된다. 캡틴은 갑판에 혼자 서서 바다의 일몰과 침묵에 젖어든다. 그는 새 지휘권, 배, 선원들이 이방인 같은 느낌이 든다.

그날 저녁 식사시간에 캡틴은 근처에 몰려 있는 섬들의 안쪽에 정박한 어떤 배의 돛대를 보았다고 말한다. 이등항해사가 그 배는 리버풀에서 온 석탄운반선 세포라 호라고 이야기한다. 선장은 이틀 동안 열심히 일한 선원들에게 선의를 보이는 뜻에서 새벽 한 시까지 정박 당직을 서겠다고 말한다. 그것은 통상 선장이 하지 않는 일이다.

선원들이 잠든 사이 정박 당직을 서던 캡틴은 우편물 배달을 위해 예인선을 타고 온 사람을 승선시키려고 내려놓았던 줄사다리를 당겨 올리기 시작한다. 밧줄을 당기던 그는 무엇인가가 잡아당기는 느낌을 받고는 갑판 너머로 몸을 굽혀 살펴본다. 벌거벗은 사람이 물속에서 사다리 끝을 잡고 있다. 그 사람은 자신을 레가트라고 소개하고, 캡틴은 그에게 옷(자신의 잠옷)을 가져다준다. 그는 세포라 호의 일등항해사였으며, 7주 전에 어쩌다가 건방진 동료 선원을 죽였노라고 설명한다. 캡틴은 그를 선장실로 데려간다. 캡틴은 그가 자기 선실에 구금되어 있다가 도망쳐 그 줄사다리까지 헤엄쳐 왔다는 것을 알게 된다. 그는 세포라 호의 선원들이 자살했다고 생각하도록 만들기 위해 옷은 물에 가라앉혔다.

캡틴은 레가트에게 말로 설명하기 어려운 친밀감을 느끼며, 종종 그를 '나와 닮은 사람'이나 '또 다른 나'라고 언급한다. 캡틴은 레가트에게 자기는 2주일만 책임을 맡고 있으며, 이 배에서 레가트만큼이나 이방인인 듯한 느낌이 든다고 말한다. 그는 레가트를 선장실에 숨겨주기로 한다.

세포라 호의 선장이 도망친 살인자를 찾기 위해 온다. 그는 배를 수색해 보지만 레가트는 캡틴의 교묘한 조치 덕분에 발각되지 않는다. 세포라 호의 선장은 귀항하면 레가트가 자살한 것으로 보고해야겠다고 말한다. 캡틴과 레가트는 발각되지 않은 것에 안도한다.

배가 귀항하기 시작하자 캡틴은 레가트가 선원들 눈에 띄지 않을까 점점 더 불안해진다. 나흘째 되는 날, 선실계원이 캡틴에게 커피를 가져왔다가 레가트에게 걸려 넘어질 뻔한다. 레가트는 캡틴에게 영국으로 돌아가 감옥이나 교수대에 끌려가고 싶지 않으니 자기를 섬들 사이에 떨어뜨려달라고 말한다. 캡틴은 마지못해 동의한다.

배가 코링이란 섬에 접근하자 캡틴은 선원들에게 배를 해안 가까이로 몰라고 명령한다. 그들은 그런 조처는 위험하다고 항의하지만, 캡틴은 레가트가 안전을 찾아 헤엄쳐갈 기회를 주기로 결심한다. 캡틴은 선장실로 몰래 들어가 레가트와 악수를 한 후 공포에 사로잡힌 선원들의 항의에도 불구하고 배를 계속 해안 가까이로 몰게 한다. 레가트는 갑판에서 뛰어내려 안전을 찾아 헤엄쳐가며, 운 좋게도 배를 위험에서 빼낸 캡틴은 레가트가 '새로운 운명'을 찾는 행운을 누리기를 바란다.

등장인물

캡틴 *The Captain* 어떤 선박의 이름 모를 젊은 선장이자 화자. 이야기가 시작되기 전에 2주 동안 맡게 된 배에서 지휘능력을 증명해 보이려고 고심한다. 물속에 있는 레가트를 발견해 선장실에 숨겨주고, 마침내 그가 자유를 찾아 탈출하도록 돕는다.

레가트 *Leggatt* 선장실의 '은밀한 공유자'. 세포라 호의 일등항해사였지만 폭풍우가 치는 아주 긴급한 상황에서 동료 선원을 살해한다. 직위를 박탈당하고 선실에 구금된 채 런던에 가서 재판받기를 기다리다 탈출해 캡틴의 배로 헤엄쳐간다.

세포라 호의 선장 *The Skipper of the Sephora* 선원들과 아내에게 시달리는 나약한 사람. 레가트를 찾아 캡틴의 배를 방문한다. 캡틴의 기지에 쉽게 넘어가 레가트가 탈출하다가 익사했다고 믿는다.

일등항해사 *The Chief Mate* 구레나룻을 기른 사람. 그는 모든 것을 진지하게 고려하는 '성향'이 있다.

이등항해사 *The Second Mate* 캡틴은 그를 '나이보다 진지한, 조용한 젊은이'라고 묘사한다. 그는 이 이야기의 초반부에 선장이 세포라 호에 대해 묻자 비웃는다. 그는 캡틴이 레가트를 만날 때까지 캡틴의 지휘권을 훼손한다.

선실계원 *The Steward* 배의 요리사. 선장실에 숨어 있는 레가트를 발견할 뻔한다.

등장인물 관계도

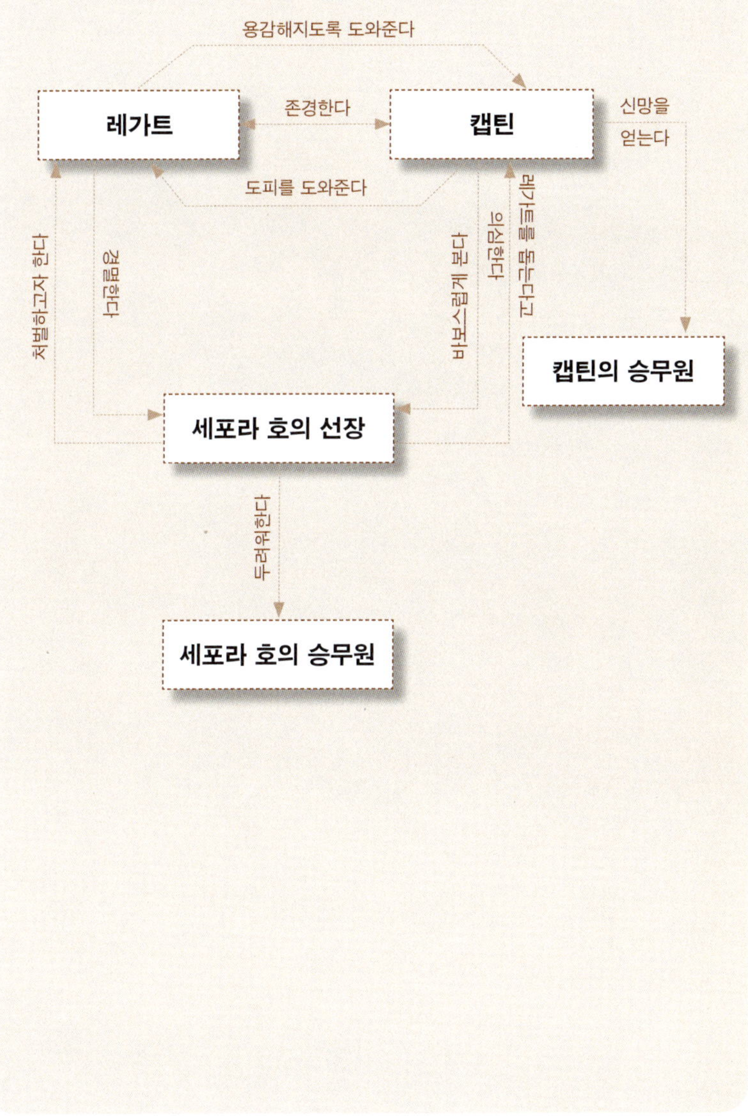
용감해지도록 도와준다
레가트
존경한다
캡틴
신망을
얻는다
도피를 도와준다
세포라 호의 선장
캡틴의 승무원
세포라 호의 승무원

Part별 정리 노트

제 1 부

 캡틴, 또 다른 나를 만나다

황혼이 질 무렵, 익명의 화자가 시암 만의 메이남 강 입구에 막 닻을 내린 배의 갑판에 서 있다. 화자는 그 배의 캡틴으로, 항해사들과 저녁을 먹기 위해 갑판을 떠나려는 참이다. 때는 8시경.

저녁식사 때, 캡틴은 인근의 섬들 사이에 정박하고 있는 어떤 배의 돛대를 보았다고 말한다. 일등항해사는 그 배가 아마 조수를 이용해 귀국하기에 알맞은 때를 기다리고 있는 또 다른 영국 배일 것이라고 설명한다. 이등항해사는 그 배가 리버풀에서 온 세포라 호이고, 카디프에서 석탄을 싣고 귀국하는 길이라고 부연설명을 한다. (그는 그 이야기를 캡틴의 편지를 전해 주러 승선한 예인선의 선장에게서 들었다.)

캡틴은 선원들을 배려해 새벽 1시까지 정박 당직을 서고 나서 이등항해사와 교대하겠다고 말한다. 다시 혼자 갑판에 선 캡틴은 생각에 잠긴 채 시가를 피우며 그 배와 그 배의 지휘가 '낯설다'는 생각을 한다. 나머지 선원들은 조용히 잠을 잔다.

캡틴은 예인선 선장이 올라오도록 배의 측면에 매어두었던 줄사다리를 끌어올려놓지 않은 것을 발견한다. 그것을 당기던 그는 반대편에서 잡아당기는 느낌이 들자 호기심에 난간 너머로 바다를 바라본다. 벌거벗은 사람이 물속에서 표류하며 사다리의 한쪽 끝을 잡고 있다. 그 남자는 자신을 레가트라고 소개한다. 9시 이후부터 물속에 있었다는 말에 캡틴은 그의 힘과 젊음에 대해 생각해 본다. 레가트는 사다리를 올라오고, 캡틴은 옷을 가지러 선장실로 달려간다. 캡틴은 레가트가 세포라 호의 일등 항해사였으며, 우연히 동료 선원을 살해했다는 것을 알게 된다. 레가트는 과실로 그 사람을 죽인 것이지만 그 배의 선장은 그의 지위를 박탈했다고 한다. 캡틴은 레가트에게 일등항해사의 눈에 띄지 않도록 자기 선실로 가자고 말한다. 캡틴은 레가트를 선장실에 숨기고 갑판으로 돌아와 일등항해사를 불러 정박 당직을 서라고 지시하고는 선실로 돌아간다.

레가트의 이야기는 이렇다. 그 사람을 살해한 후 체포된 그는 거의 7주 동안이나 자기 선실에 갇혀 있었다. 6주 정도가 지났을 때 레가트는 선장에게 세포라 호가 순다 해협을 통과하는 그날 밤 뛰어내려 자바 해안으로 헤엄쳐갈 수 있도록 선실 문을 잠그지 말아달라고 요청했다. 선장은 거절했다.

3주 후 세포라 호는 현재의 위치에 도착했으며, 레가트는 배의 선실 계원이 우연히 선실 문을 열어놓은 채 가버린 것을 알았다. 그는 갑판으로 몰래 나와 바다로 뛰어들었다. 세포라 호의 선원이 그를 찾기 위해 보트를 내리는 동안 그는 근처의 작은 섬으로 헤엄쳐 갔다. 그리고 다시는 돌아가지 않을 결심으로, 옷을 벗어 가라앉혔다. 그 후 또 다른 작은 섬으로 갔다가 캡틴의 배 불빛을 보고는 1마일 이상이나 헤엄을 쳐 탈진한 상태로 마침내 줄사다리에 닿았던 것이다. 캡틴은 레가트가 잠자리에 들도록 도와주고, 그는 곧 잠이 든다. 캡틴도 잠이 든다. 다음날 아침 선실계원이 아침 커피를 가져다주기 위해 선장실에 들어온다. (캡틴이 침대와 방의 다른 부분을 가르는 커튼을 쳐놓았기 때문에 그는 레가트를 발견하지 못한다.) 캡틴은 누군가가 레가트를 발견하게 되지 않을까 초조해져서 갑판으로 나가야겠다고 생각한다. 보트가 그들의 배 쪽으로 다가오는 것이 보인다. 그는 배 옆에 있는 사다리를 내리도록 명령하며, 레가트를 찾고 있는 세포라 호의 선장일 것이 분명한 사람을 만나러 간다.

콘래드는 이야기가 시작될 때, 캡틴이 단계를 밟아 승진한 것이 아니라 인맥을 통해 그 자리를 얻었다고 암시한다. 그러나 이야기의 후반에서 레가트는 캡틴이 확신을 갖고 지휘에 임하고, 선원들로부터 더 존경을 받을 수 있도록 도와준다.

일등항해사가 그의 잉크병에서 전갈을 발견하는 일화는 상징적 의미를 지닌다. 전혀 엉뚱한 곳에서 발견된 전갈과 마찬가지로 레가트는 줄사다리에 매달려 있다가 발견된다. 레가트의 살인죄 역시 (비록 과실이지만) 그를 전갈처럼 위험한 인물로 낙인찍는다. 콘래드는 여기서 색의 상징을 이용한다. 즉, 잉크병에 빠진 전갈은 일등항해사가 발견했을 때는 검은색을 띠고 있다. 레가트의 머리카락도 검다. 따라서 그것이 두 낯선 존재의 관계를 강화해 준다. 검은색은 서구적인 사고에서는 악과 깊이 연관되어 있다. 그리고 전갈과 레가트는 모두 검게 더럽혀져 있다는 것에 주목해야 한다. 전갈은 말 그대로 잉크에 물들었고, 레가트는 비유적으로 범죄에 물들어 있다.

직접 정박 당직을 서려는 캡틴의 생각은 그의 고립감과 소외감에서 나온다. 그는 직접 당직을 서는 '드문 일을 한다'고 고통스러워하지만 배와 소위 '지휘관의 새로운 책임'에 대해 더 많이 배우려는 노력이다. 그는 바다 감시를 그것이 지닌 '단순한 목적' 때문에 좋아한다. 바다는 지휘권과는 달리 그것이 지닌 '절대적인 정직성'을 느끼게 해준다.

이 이야기에서 레가트의 등장은 부하들과 자기 자신의 존경심을 얻기 위해 애쓰는 캡틴을 도와주기 위해 어떤 신이 보낸 거의 초자연적 힘을 의미한다. 벌거벗은 모습과 그가 바다에서 솟아오른다는 점은 레가트가 캡틴을 위해 '창조되었다'는 암시를 강하게 준다. 다시 콘래드가 사용하는 상징에 주목하라. 물은 무의식적인 마음의 상징으로 널리 사용되어 왔으며, 나체는 비유적으로 타인들 앞에 '노출된다'는 느낌을 주는 명백한 상징이다. 캡틴은 스스로 지휘관으로서의 약점을 '노출하고' 있다고 느끼기 때문에 레가트는 상징적으로 캡틴의 무의식에서 나오는 것이다. 레가트가 캡틴을 처음 만날 때 "선장은 잠자리에 든 모양이죠?"라고 묻는 데 주목하라. 레가트는 캡틴을 일반 선원으로 생각하는데, 그런 상황에서는 충분히 이해할 수 있다. 그러나 달리 생각하면 캡틴에게는 당당하거나 '선장다운' 면모가 없다는 명백한 표시가 된다. 캡틴은 "내가 선장이요"라고 말하기 전에 선장이 잠자리에 들지 않은 것은 '확실하다'고 말함으로써 자신의 지위를 간접적으로 부인하고 있다. 그는 법적으로는 선장이지만 용기, 풍채, 권위 같은 선장의 본질을 암시하는 자질들이 결여되어 있다. 콘래드의 이야기는 부분적으로는 캡틴이 레가트의 도움을 받아 이런 자질들을 습득해 가는 과정이다.

콘래드는 몇 가지 중요한 방식으로 레가트가 캡틴의 더

블(또 다른 모습)이라는 암시를 강조하기 시작한다. 흔히들 생령의 주제는 캡틴의 더블에 구현된 자질들을 보여줌으로써 캡틴이 갖고 있지 않은 자질들을 강조하는 데 기여한다. 레가트가 캡틴의 잠옷을 입고 선장실에 숨는 것은 육체적 관점에서의 그들의 관계를 암시한다. 그러나 콘래드는 마찬가지로 여러 가지 다른 방식으로 그들의 유대를 암시한다. 두 사람 모두 젊고, '연줄'을 통해 중요한 지위를 얻었고(레가트의 경우는 과거에), '콘웨이 소년들'*이고, 각자의 선원들로부터 고립되어 있고, 위험한 상황에서 배를 구출하고, 마침내 '새로운 운명'을 향해 힘차게 나아간다. 두 사람은 서로에게 무언가를 준다. 캡틴은 레가트에게 은신처와 종국적인 탈출에 도움을 준다. 레가트는 코링에서 캡틴에게 그의 탈출을 도움으로써 다른 선원들 앞에서 그의 선박 조종술을 증명할 기회를 준다.

선원을 살인했다는 레가트의 이야기를 캡틴이 기꺼이 믿는다는 사실로 인해 일부 사람들의 눈에는 그가 잘 속거나 심지어 어리석은 사람으로 보일 수도 있다. 그러나 캡틴은 비록 선원들과 함께 일하면서도 소외감을 느끼며, 레가트가 캡틴의 존재를 환영하듯이 레가트의 출현을 반긴다. 레가트는 캡틴이 얘기가 통하는 사람이며, 캡틴은 그들의 '은밀한' 관계를 지속하기 위해 레가트를 돕겠다고 제의한다. 생령의 주제

---

* **콘웨이 소년들**: 영국 전함 콘웨이 호에서 훈련받은 소년 수병들.

 은밀한 공유자

는 일반적으로 어떤 사람이 '또 다른 자아'라고 부르는 그 무엇과 만나는 것을 말한다. 이런 관점에서, 레가트는 (비유적으로) 캡틴이 가지고 있을지 모를 자신의 '일부'다. 이 이야기의 끝부분에서 레가트는 캡틴이 자기가 결여하고 있다고 생각한 자질들을 제대로 볼 수 있도록 해준다. 따라서 캡틴은 즉시 레가트에게 숨겨주겠다고 제의한다. 상징적인 의미에서 레가트는 캡틴 자신이거나 적어도 지금까지 표현되지 않은 자신의 일부이기 때문이다. 제2부의 서두에서 캡틴이 세포라 호의 선장을 만나는 것은 새롭게 발전되고 있는 캡틴의 이런 부분이 첫 시험대에 오르는 것이다.

제 2 부

 레가트와의 이별

세포라 호의 선장이 레가트의 흔적을 찾기 위해 캡틴의 배에 승선한다. 레가트의 행동과 실종에 낙담한 그 선장은 37년이나 선원생활을 했지만 그런 일은 생전 처음이라고 설명한다.

캡틴은 선장에게 그 선원은 아마 사나운 바다에서 죽었을 것이라는 의견을 제시한다. 선장은 그렇지 않다며, 레가트가 자살한 것으로 보고해야겠다고 말한다.

그러면서도 선장은 캡틴을 의심하며 본토는 세포라 호에서 7마일이나 떨어져 있는 반면에 캡틴의 배는 2마일밖에 떨어져 있지 않다고 말한다. 캡틴은 선장을 속이기 위해 선장실과 전용실의 나머지 부분을 보여주며, 레가트에게 들리도록 큰 소리로 말한다. 자기 배로 돌아가기 위해 사다리를 내려가려던 선장은 캡틴에게 혹시 레가트가 배에 탔을 것 같느냐고 물어본다. 캡틴은 "물론 아닙니다"라고 즉각 부인한다.

캡틴과 레가트는 또 다른 은밀한 이야기를 나눈다. 레가트는, 앞 돛을 고치라고 명령했다는 세포라 호 선장의 말은 거짓말이라고 말한다. 오히려 그런 명령을 받지 않고 자진해서 레가트가 앞 돛을 고치는 동안 선장은 그들의 '마지막 희망'에 대해 불평을 늘어놓고 있었다는 것이다. 캡틴은 레가트의 결백함을 확신하고, 레가트가 그 선원을 죽인 날 밤 날씨가 '아무짝에도 쓸모없는 반항적인 존재를 짓눌러버렸다'고 생각한다.

레가트가 캡틴의 선실에서 지내게 되면서 캡틴은 레가트에 대해 끊임없이 생각하며, 일등항해사와 키잡이는 캡틴이 수상하고 은밀하게 행동한다는 것을 알아차린다. 캡틴은 견딜 수 없을 만큼 긴장한다. 그 사이 레가트는 대부분의 시간을 캡틴의 욕실에 숨어 지내다가 함께 그의 침대에서 잔다. 레가트는 캡틴의 옷장에 저장된 통조림을 먹고, 캡틴의 아침 커피를 마신다.

레가트는 영국에 돌아가 재판을 받고 교수형을 당하고 싶지 않으니까 자기를 가까운 해안에 떨어뜨려달라고 요구한다. 캡틴은 처음에는 거절하지만 이내 레가트가 원하는 대로 해주겠다고 답한다.

한밤중에 갑판으로 나간 캡틴은 배의 항로를 바꿔 만의 동쪽 해안으로 접근하라고 명령한다. 일등항해사는 반대의 뜻을 묵묵히 내보이고, 이등항해사는 판단력이 결여된 명령이라고 말한다. 정오에 일등항해사는 캡틴이 언제 진로변경 명령을 내릴지 알고 싶어한다. 캡틴은 만의 한 가운데를 운항하는 것보다 배의 속도를 좀더 높이기 위해 '육지의 미풍'을 받을 수 있도록 가능한 한 섬들과 근접해서 항해할 것이라고 말한다. 일등항해사는 깜짝 놀란다.

그날 밤 캡틴은 레가트에게 사람이 사는 섬 같아 보이는 코링 가까이로 배를 조종할 것이라고 말한다. 캡틴은 어떻게든 해안에서 반 마일 안쪽으로 항해할 것이다. 레가트는 캡틴에게 첫 지휘에서 불행한 사고가 생기지 않도록 조심하라고 경고한다.

캡틴은 갑판으로 돌아가 이등항해사에게 후갑판의 하역구를 열라고 명령한 다음, 선실로 가서 레가트에게 선원들이 일하고 있는 동안 후갑판 하역구를 통해 탈출하되 물보라가 일지 않도록 밧줄을 타고 바다로 내려가라고 말한다. 레가트는 감사의 표시로 말없이 캡틴의 손을 잡는다.

그날 밤, 마지막으로 레가트를 찾은 캡틴은 그에게 금화 세 닢을 건넨다. 처음에는 사양하던 레가트가 돈을 받는다. 그들은 헤어지면서 아무런 말도 하지 않는다.

갑판으로 나온 캡틴은 배가 너무 육지쪽으로 다가간 것을 보고 놀란다. 하지만 레가트가 도주할 수 있도록 도와주려면 이 항로를 유지해야 한다. 그는 키잡이에게 항로를 유지하도록 명령한다. 다른 선원들은 믿을 수 없다는 표정이다. 코링에 접근하며, 배가 육지에 더 가까이 다가가자 선원들이 걱정하기 시작한다. 일등항해사는 배의 바닥이 육지에 부딪쳐 부서질 것이라고 소리치고, 키잡이는 항로를 유지하라는 캡틴의 명령에 의심을 표한다.

캡틴은 선원들에게 단호한 태도를 취하면서도 그들이 살아남을 수 있을지 몹시 걱정스럽다. 어두운 하늘과 코링의 언덕 그림자 때문에 항해가 매우 어렵다. 캡틴은 물에서 항로를 잴 어떤 표시가 나와주기를 바란다. 그때 배의 측면 1야드 안쪽 물속에 떠 있는 하얀 물체가 눈에 띈다. 레가트가 해안으로 헤엄치면서 떨어뜨린 캡틴의 모자다. 캡틴은 그 표시를 이용해 배의 진로를 돌린다. 좌초를 피한 배는 더 큰 위험에서 벗어나 안전하게 항해한다. 캡틴은 이제 배와 선원을 완벽하게 지휘한다는 느낌이 든다. 그는 모자가 시야에서 사라지는 것을 바라보며, '새로운 운명을 향해 힘차게 나아가고 있는' 레가트를 생각한다.

콘래드는 레가트가 더 나은 자질들을 캡틴과 '공유하고' 있다고 암시한다. 그리고 세포라 호의 선장을 이야기

끝부분에서의 캡틴과 대비시키는 데 이용한다. 레가트와 마찬가지로 세포라 호의 선장은 캡틴의 운명의 한 가지 가능한 결과를 나타낸다. 세포라 호의 선장은 명예 손상과 자기 선원들이 두려워 지휘권 뒤에 숨는 사람이다. (그의 아내가 승선하고 있다는 사실은 선장이 세포라 호를 지휘할 때 기대 이상으로 '겁이 많다'는 것을 암시할 수도 있다.) 제1부에 나오는 레가트의 이야기를 회상해 보라. 선장은 레가트가 앞 돛을 수선해 배를 구한 것을 알고 있지만, '선원들과 나이 많은 이등항해사가 두려워' 레가트의 처벌을 완화해 주려고 하지 않았다. 캡틴과 마찬가지로 그 선장도 지휘력에 의문을 품는 이등항해사가 버티고 있었다. 그러나 코링 근해에서 캡틴이 보여준 태도와는 다르게, 섣불리 명령을 내렸다가 우습게 보이지 않을까 몹시 두려워했다. 또한 자신이 앞 돛을 수리하도록 명령했다고 캡틴에게 거짓말을 하지만 실제로는 레가트가 자진해서 그 일을 하고 세포라 호를 구했다. 레가트에게 공(功)이 돌아가는 것이 두려운 선장은 통찰력과 선박 조종술과 신념이 없다는 것을 덮기 위해 거짓말을 하고, 레가트를 '결코 좋아하지 않았다'고 말한다. 그러나 레가트에 따르면, 선장은 레가트의 선실을 방문했을 때 눈을 제대로 쳐다보지 못했는데, 그것은 과실로 저지른 범죄 때문에 그를 체포한 것에 대해 느끼는 죄의식을 암시한다. 레가트는 캡틴에게 선장과 같은 지휘를 하지 않도록 도와준다.

제2부는 점점 나아지는 캡틴의 용기를 보여주며, 세포라 호 선장의 비겁함과 대비된다. 캡틴은 선장에게 자기는 귀가 어둡다면서 레가트가 선장의 이야기를 들을 수 있을 만큼 큰 소리로 말하게 만들고, 레가트에 관한 정보를 빼내려는 그의 시도를 재치 있게 처리한다. 캡틴은 레가트를 위해 일거수일투족에 몹시 신경을 쓴다. 은밀하게 갑판 위를 걸어 다니고, 유능한 선원들에게 요구되는 '무의식적인 초연한 태도'를 지니기 위해 억지로 노력한다. 레가트가 캡틴에게 훌륭한 지휘관이 되는 법을 가르쳐주지만 그 교훈은 피곤하고 괴롭다. 캡틴의 말처럼 이 시기는 '아주 비참한 때'다.

레가트는 이 이야기의 후반부에서 훨씬 더 실체가 없는 것처럼 된다. 선실계원이 캡틴의 욕실에 숨어 있는 레가트를 발견할 뻔하는 장면에서 캡틴은 레가트가 자기 이외의 '다른 사람들 눈에는 보이지 않는 게' 아닐까 하고 생각한다. 그는 레가트의 실체에 대해 '억누를 수 없는 의심'을 품고, 심지어 그 비밀 유지를 귀신이 붙은 것에 비교한다. 레가트조차 "제가 다시 살아난다고 해서 제게 좋을 게 없을 것입니다"라고 말할 때 자신의 유령과 같은 상태를 인식한다. 그러나 귀신이 출몰하는 집의 소유자와는 달리 캡틴에게는 그의 또 다른 자아가 출몰한다. 그것은, 캡틴이 깨닫게 되듯이, 그가 지휘관으로서 성숙하고 세포라 호의 선장처럼 비틀거리는 겁쟁이가 되지 않으려면 드러내야 할 자신의 일부를 구현하고 있는 사람의 존재를 통해서 나타난다.

그 결정적 차이는 레가트가 캡틴에게 자기를 섬에 떨어뜨려달라고 말할 때 분명해진다. 처음에 캡틴은 자기들이 '소년의 모험이야기를 실행하고 있는 게 아니며', 그런 계획은 말도 안 된다며 거부한다. 레가트는 '완전히 이해했다'고 말하고, 캡틴이 자신의 비겁함을 인식하게 되면서, 너무나 명백히 드러나는 세포라 호 선장의 비겁함을 따르지 않게 된다.

캡틴이 코링에서 배를 절묘하게 운항하는 것은 새롭게 발견된 성향의 궁극적인 시험 역할을 한다. 처음에 일등항해사는 '곧장 운항할' 것이라는, 즉 육지의 미풍을 이용하기 위해 배를 섬들 가까이로 운행할 것이라는 결정에 의문을 제기한다. "맙소사! 선장님, 어둠 속에서 수많은 섬들과 암초들과 모래톱 사이를 운항하시겠다는 겁니까?" 캡틴은 (처음 레가트에게 말할 때와는 달리) 자신의 목소리에서 새로운 확신을 발견하며, "코링에 가까이 가게 될 것이야"라고 말한다. 이등항해사가 후갑판의 하역구를 여는 것에 의문을 제기하자 "이유고 뭐고 간에 시키는 대로만 해"라고 대답할 때 이런 확신은 더욱 분명해진다. 제2부의 초반부에서 캡틴은 레가트의 정신 상태가 매우 정상임을 주목한다. 그가 레가트에게서 실제로 '빌려온' 것은 바로 이런 제정신, 혹은 조난을 당했을 때 마음의 평온을 유지하는 능력이다.

캡틴과 레가트의 이별은 서로 상대를 얼마나 도와주었

는지를 보여준다. "내가 이해했기를 바랍니다"라는 캡틴의 말에, 레가트는 "선장님은 이해하셨습니다. 처음부터 끝까지 말입니다"라고 답한다. 졸업생처럼 캡틴은 선생인 레가트로부터 '졸업장'을 받는다. 레가트가 구원자의 손을 잡을 때 두 사람은 아무 말이 없다. 말이란 피상적인 것에 불과하다는 사실을 알 만큼 성장한 것이다.

이 마지막 장면은 캡틴이 레가트와의 관계를 통해 얼마나 변모했는지 보여준다. 캡틴이 선원들에게 하는 말은 좀더 힘이 있고 직접적이다. "배의 속도를 최대한 높여라", "배의 속도를 늦추지 마라", "선원들을 갑판에 집합시켜라", "조용히 해" 같은 강한 명령이 여기저기 나타나며, 일등항해사가 (세포라 호의 선장처럼) 겁을 먹고 재잘거릴 때 캡틴은 그의 팔을 잡고 '격렬하게' 흔든다. 비록 그 역시 육지를 바라보기가 두렵지만 부하들에게는 우려를 드러내 보이지 않는다.

캡틴은 레가트가 떨어뜨린 자신의 하얀 모자를 보고 배를 돌려 좀더 안전한 바다로 돌아갈 수 있게 된다. 캡틴 자신의 모자가 측표(測標) 기능을 한다는 것은 레가트가 그의 '은밀한' 일부라는 것을 반복해서 보여준다. 배가 위험에서 벗어난 후, 캡틴은 '첫 지휘에서 선원의 완벽한 교감'을 느낀다. 캡틴이 레가트가 자유로워진 것을, 그 자랑스러운 자가 새로운 운명을 향해 힘차게 나아가는 것을 생각할 때, 그 상황은 마찬가지로 캡틴에게도 적용된다. 캡틴은 이제 소심함에서 해방되

고, 지휘관으로서의 미래를 향해 헤엄쳐 갈 때 당당하다. 그리
고 이전에는 감추어져 있던 자신의 일부를 발견하고 새로운
운명을 향해 힘차게 나아가는 사람이 될 것이다.

인물분석
노트

○ 캡틴

이야기가 시작되기 전에 단 2주간 배를 지휘하도록 임명된 캡틴은 젊고 경험이 없으며, 진지하지만 평범한 지휘관이다. 그는 마침내 잠재되어 있던 힘과 능력을 불러내는 법을 배운다. 그는 배에 대해 배우고 소외감을 덜기 위해 정박 당직을 자청한다. 이야기 초반부에서 그는 "내 지위는 배에서 유일한 이방인이었다"라고 말하며, 좀더 의미심장하게 "나는 얼마간 내 자신에게 이방인이었다"라고도 한다. 자기가 그 배에 맞지 않는다는 느낌은 새로운 지휘권이 어울리지 않는다는 그의 느낌을 반영한다.

그러나 레가트를 만난 후 캡틴은 자신과 선원들이 놀랄 행동을 하기 시작한다. 좀더 대담해지고(레가트가 발각되지 않도록 계속 교묘하게 대처한다.), 좀더 약삭빨라지고(세포라호의 선장에게 귀가 어둡다고 거짓말을 한다.), 좀더 용감하게(레가트가 헤엄쳐 갈 수 있도록 코링에 아주 가깝게 항해하게 한다.) 변하는 것이다. 그는 부하들을 구차한 변명 없이 단호하게 명령하기 시작하고, 마침내 코링 부근을 항해하며 평정을 유지함으로써 존경심을 얻는다. 그가 '첫 지휘에서 선원의 완벽한 교감'을 느낄 때, 이런 변화는 이 이야기를 끝까지 추진시키는 원동력이다.

● 레가트

세포라 호의 일등항해사였던 그는 선과 악 사이에 경계선을 그으려고 시도하는 어떤 정형화된 규칙들이 아니라 정의감에 따라 행동하는 충동적인 사람이다. 그는 세포라 호의 선상에서 한 사람을 살해하긴 했지만 두 사람이 싸우다 서로 뒤얽히는 바람에 일어난 사고였다. 그러나 교수형을 면하지 못할 것을 알기 때문에 탈출해 '새로운 운명'을 찾기로 결심한다.

콘래드는 레가트가 이 이야기에 끼어들 때 그의 육체적인 힘에 특히 관심을 기울인다. (줄사다리에 매달린 채) 캡틴에게 발견된 후, 레가트는 그에게 이전에 한 작은 섬으로 헤엄쳐 갔다가, 이어서 캡틴의 배로 2마일이나 헤엄쳐 왔다고 말한다. 레가트는 법정에서 '가발을 쓴 늙은 사내와 열두 명의 장사꾼들을' 만나지 않을 결심을 하고, 구금상태에서 벗어나 죽은 것으로 가장하며, 이야기의 끝에서 자유를 찾아 힘차게 나아간다. 이러한 그의 힘은 캡틴에게 용기를 주며, 이야기가 진행됨에 따라 그의 더 나은 자질을 캡틴과 '은밀하게 공유하기' 시작한다.

● 세포라 호의 선장

레가트는 단호하고 스스로 결정하는 반면, 세포라 호의 선장은 양심을 달래기 위해 법의 뒤에 숨는 나약하고 우유부단한 사람이다. 레가트가 무례한 선원을 살해한 후 선장은 "레가트 씨, 당신은 사람을 죽였소. 더 이상 이 배의 일등항해사로 일할 수 없소"라고 말한다. 이것은 합리적인 (필요한) 결정처럼 보일지 모르지만 콘래드는 선장이 레가트의 방을 방문하는 장면을 그릴 때 그의 또 다른 면을 보여준다. 선장은 '병이 난' 것처럼 보이고, 레가트의 얼굴을 똑바로 쳐다보지 못한다. 폭풍우가 몰아칠 때 레가트가 혼자서 배를 구한 사실에도 불구하고 그를 처형의 길로 데려가고 있다는 수치심 때문이다. 그러나 그는 레가트를 달아나게 하는 대신, 법의 자구(字句)에 매달린다. 그가 "난 여기서 법을 대변해"라고 떨면서 말한다는 사실은 그의 비겁함과 확신의 결여를 보여준다. 레가트가 설명하듯, 선장은 '선원들과 나이 많은 이등항해사를 두려워'한다. 선장의 나약함은, 레가트에 관해 캡틴에게 완곡하게 질문하려고 하고, 레가트가 익사한 것으로 쉽게 속아 넘어가는 데서 더욱 잘 드러난다.

○ 이등항해사

이등항해사는 비록 사소한 등장인물이지만 선원들이 캡틴을 존경하고 있지 않다는 것을 보여주는 데 기여한다. 캡틴이 세포라 호를 처음 보고 선원들에게 그 배에 대해 물을 때 이등항해사는 아래를 내려다보며 마치 캡틴의 무지를 믿을 수 없다는 듯이 비웃는다. 이것은 캡틴을 당황케 한다.

○ 일등항해사

　일등항해사 역시 주변 인물로, 캡틴의 지휘 능력을 의심한다. 비록 이등항해사처럼 '냉소적인' 사람은 아니지만 코링에서 캡틴의 조치에 커다란 의구심과 두려움을 드러내며, 그 때문에 캡틴은 그에게 "조용히 해!"라는 명령을 내린다. 그러나 코링에서의 일이 있은 이후 캡틴은 선원들에게 자신의 가치를 충분히 증명하며, 일등항해사와 이등항해사의 계속된 반대를 완전히 제압한다.

마무리
노트

우화로서의 "은밀한 공유자"

우화는 등장인물과 사건이 작가가 의도적으로 계발한 비유나 상징적인 의미를 지니는 예술작품이다. 영국에서 가장 유명한 우화는 존 버니언의 〈천로역정 *Pilgrim's Progress*〉(1678)이다. 그 작품에서는 크리스천, 에반젤리스트, 페이스풀 같은 이름의 상징적 인물들이 궁극적으로 천국의 도시에 도달하기 위해 상징적 줄거리를 따라 움직인다. 버니언의 우화는 명확하고 직접적이다. 천국에 도달하기를 바라는 사람이라면 누구나 직면하게 될 모든 역경과 시험에도 불구하고 순수성을 유지해야 한다는 것이다. 또 다른 유명한 우화는 에드먼드 스펜서의 〈요정 여왕 *The Faerie Queen*〉(1590)이다. 이 작품에서는 각각의 기사는 신성, 절제, 순결 같은 서로 다른 미덕을 대변한다. 우화는 쉽게 접근할 수 있고 도덕적 교훈을 지녔기 때문에 초기 영문학에서부터 독자들에게 인기가 있었다.

"은밀한 공유자"는 앞서 언급한 작품들만큼 분명하게 우화적으로 보이지는 않을 것이다. 그럼에도 불구하고 이 작품은 소심한 사람이 좀더 용감하고 좀더 완전한 인간이 되기 위한 우화적인 시험으로 읽힐 수 있다. 이 이야기의 첫 번째 우화적인 요소는 그 줄거리다. 캡틴이 시암 만을 통과해 마침내 코링의 그림자 속을 여행할 때, 그는 또한 자신의 내부로 여행을 하고 있다. 여행이 끝나면 여행객은 다른 장소에 있듯이, 캡틴은 레가트가 해안으로 헤엄치는 것을 볼 때 정서적으로 다른 '장소'에 있다.

캡틴에 대한 콘래드의 묘사 역시 독자에게 이 이야기의 다른 우화적 의미를 생각해 보도록 유도한다. 예를 들면, 젊고 경험이 없는 캡틴은 단호하고 솔직하게 행동하고 싶지만 용기와 지휘력이 부족하다. 콘래드가 캡틴을 해외에서 배를 지휘하도록 새로 임명된 지휘관으로 설정한 것은 모든 사람이 살아가면서 용기와 단호함을 보여주도록 요구받지만 자신이 그런 요구에 어울리지 않거나 불안한 느낌을 가지는 상황을 보여주기 위해서다.

레가트의 출현은 이 모든 것을 바꿔놓는다. 우화의 관점에서 보면, 레가트는 일등항해사의 잉크병에 기어들어온 전갈과 같다. 즉, 교활하고, 불가해하고, 잠재적으로 치명적이다. 레가트가, 우연이든 아니든, 살인을 했다는 사실은 그가 인간 심리의 좀더 야만적이고 충동적인 부분을 상징하는 위치에 있음을 암시한다. 그가 처음에 나체 상태로 등장하는 것은 우리 모두에게 있는 본질적인 요소를 암시한다. 즉, 그는 어떤 의복으로도 '변장되지' 않고, 그 정수까지 '벌거벗겨진' 인간 영혼을 상징하는 것이다. 캡틴이 레가트에게 잠옷 한 벌을 줄 때 그 우화적 의미를 놓치면 안 된다. 레가트는―상징적으로―독자들이 '항해'의 끝에서 보게 될 캡틴의 일부다.

우화적 의미를 지닌 또 다른 소품은 레가트가 배에서 빠져나가 코링 해안으로 헤엄쳐 가도록 허락하기 전에 캡틴이 레가트에게 건네는 모자다. 캡틴이 배를 코링 가까이로 운항하는 이 이야기의 마지막 3분의 1 부분에서 캡틴과 공포에 사로잡힌 선원들에게 아련히 떠오르는 그 섬은 계속해서 죽음의 상징으로 묘사된다. 그러나 캡틴이 콘래드의 우화가 지향하는 성인으로 성장하려면 자신이 새로 발견한 확신을 시험하기 위해 '죽음과의 작은 충돌'을 경험해야 한다. 레가트가 캡틴의 모자를 잃어버리지 않았다면 그 배는 틀림없이 난파했을 것이다. 이것은 줄거리를 분명하게 잡아주지만 우화의 관점에서 모자는 다른 무엇을 의미한다. 캡틴은 레가트의 도움을 받아 확신과 용기를 찾지만 궁극적으로는 스스로 그의 변화에 책임이 있다. 이것은 레가트가 상징적으로 캡틴이 지닌 인격의 일부를 대변한다는 생각과 일치하는 입장이다. 따라서 어른으로 성장하고, 그 자신의 변화에 책임을 지는 사람은 캡틴 자신이기 때문에 캡틴의 모자가 그의 배를 구해 준다.

세포라 호의 선장 역시 우화적 영역으로 들어간다. 레가트가 좀더 열정적이고 위험한 면을 대변하듯이 세포라 호의 선장은 캡틴보다 더 소심한 면을 대변한다. 예를 들자면, 레가트에게 살해당한 사람으로 인해 모두 죽을 수도 있었던 상황이었고, 레가트가 과실로 그 사람을 죽였다는 사실에도 불구하고 선장은 레가트를 도와주려고 하지 않는다. 따라서 콘래드는 "은밀한 공유자"를 두 가지 전혀 상반된 행동 양식—레가트의 행동 양식과 세포라 호의 선장의 행동 양식—을 지닌 캡틴으로부터 시작한다. 캡틴은 그 두 사람을 육체적·정서적으로 만난다. 그러나 이야기의 끝에 가서 그는 죽음의 상징적인 그늘을 통과하는 우화적 여행을 완수하며, 그의 상징적 닮은 존재가 그러하듯 '새로운 운명'을 기대한다.

끝으로, 제목은 성장과 변화라는 이 이야기의 전반적인 우화를 반영한다. 캡틴은, 많은 사람들처럼, 자신의 좀더 위험한 부분을 억누르고 감추기 위해 레가트를 은닉시킨다. 그는 자신의 격렬한 충동의 먹이가 되기보다는 냉정한 통제의 허울을 지니고 싶어한다. 그러나 이 이야기는 사람이 살아가면서 위험한 임무를 완수하거나 자신의 고용에 제몫을 한다는 것을 증명하기 위해 자신의 '레가트'적인 면을 불러내야 할 때가 있다는 것을 암시한다. 우리 모두는 좀더 어두운 자아의 '은밀한 공유자들'이다. 그러나 그것들을 긴박한 상황에서 불러내 써먹기 위해 예비로 남겨두고 있다.

"은밀한 공유자"와 〈어둠의 심연〉

콘래드의 작품은 이따금 비슷한 주제들을 비슷한 방식으로 탐구한다. "은밀한 공유자"와 〈어둠의 심연〉은 많은 점에서 서로 교차하고, 겹치고, 비슷한 주제를 쫓고 있다.

두 작품은 여행의 끝으로 다가갈수록 주인공의 내부에서 일어나는 강한 정신적 여행을 반영하는 육체적 여행(각각 시암 만과 콩고 강을 거슬러 올라간다)을 하는 1인칭 화자를 내세우고 있다. 캡틴은 코링에 다가감에 따라 그의 공포와 능력, 그리고 그것들을 대면하고 패배시킬 수단들에 대해 많은 것을 배운다. 마찬가지로 말로는 커츠에게 다가갈 때 토착민들과 문명, 그 자신 속에 있는 비유적인 어둠에 관한 생각을 재평가하게 된다. 이 인물들 사이의 중요한 차이점은 종국에 가서 캡틴은 침착하고 확신에 차는 반면, 말로는 파괴되고 도덕적으로 고갈된다는 것이다.

"은밀한 공유자"의 서문에서 언급했듯이, 이 이야기는 캡틴의 성격의 이중성을 드러내기 위해 '생령'의 주제를 이용하고 있다. 캡틴과 레가트의 만남은 소심함과 과격함의 상징적인 만남과 같다. 이런 이중성을 해결하기 위해, 캡틴은 레가트의 도주를 돕기 위해, 그리고 좀더 크게는, 자신의 불안과 근심을 어느 정도 떨쳐버리기 위해 레가트의 과격함을 조금 '이용'해야 한다. 캡틴은 레가트가 잠재된 용기를 발견하도록 도와준 것을 고마워한다.

그러나 말로는 훨씬 더 불길하고 불온한 또 다른 나에 직면한다. 커츠는 가장 '문명화된' 사람들에게조차 잠재적으로 존재하는 상징적 '어둠의 심연'일 뿐만 아니라 회사의 모든 죄를 구현하고 있는 조직적이고 냉혹한 살인자다. 레가트가 보여주는 용기를 터득하는 캡틴과는 달리, 말로는 커츠에게서 보게 되는 공포에서 뒤걸음질친다. 남은 생애 동안 말로는 커츠가 모든 사람에게 존재하고 있을 악의 능력을 보여준 것 때문에 고통당할 것이다.

〈어둠의 심연〉처럼 "은밀한 공유자"는 작품의 주된 문제들을 많은 상징을 통해 제시하고 있다. 전갈은 도주를 시도하는 사악한 추방자의 상징이며, 레가트는 처음에 그런 모습으로 독자에게 제시된다. (캡틴이 레가트에게 빌려주는) 잠옷은 그 두 사람 사이의 '은밀한 공유'를 상징한다. 코링의 검은 그림자는 캡틴이 선박 조종술을 증명하려고 시도할 때 희미하게 나타나는 죽음의 상징이다. 끝으로, 레가트가 바다에 떨어뜨린 캡틴의 흰 모자는 레가트가 캡틴에게 제공한 도움뿐만 아니라 레가트를 보호하려는 캡틴의 욕망을 상징한다.

두 작품의 제목은 이야기가 전개되어가면서 의미 있고 복잡해진다. "은밀한 공유자"라는 제목은 처음에는 레가트와 비밀을 공유하는 캡틴을 가리킨다. 그러나 또한 캡틴이 자신의 소심함과 두려움의 '비밀'을 공유하는 레가트를 가리키기도 한다. 두 사람은 각자의 비밀을 공유함으로써 이득을 얻기 때문에 그 제목이 두 사람에게 적용되도록 한 것은 매우 적절하다. 레가트는 감옥에서, 캡틴은 소심의 '감옥'에서 해방된다.

〈어둠의 심연〉은 처음에는 말로가 항해할 지리적인 장소를 가리키지만, 제목에 관사가 없는 것은 잠재적으로 모든

사람들의 내부에 자리한 비유적인 '어둠의 심연'을 가리킨다
는 것을 이해하게 된다. 이런 복잡함은 익명의 화자가 템스 강
을 바라보며 그것이 '거대한 어둠의 심연 속으로' 흘러드는 것
같다고 말하는 소설의 끝까지 이어진다.

이 부분은 원작에 대한 이해력을 테스트하는 난입니다. 다음의 세 가지 코너를 풀고 나면, "은밀한 공유자"에 대한 포괄적이고 의미 있는 파악이 가능해질 것입니다.

A 다음 질문에 알맞은 답을 고르시오.

1. 일등항해사는 방에서 무엇을 보고 놀랐는가?

   a. 전갈
   b. 딱정벌레
   c. 뱀
   d. 검은 고양이

2. 다음 중 레가트와 캡틴의 공통점은 무엇인가?

   a. 나이
   b. 선원 연수
   c. 가족 관계
   d. 위의 보기 모두 해당

3. 캡틴은 세포라 호 선장의 눈을 피하기 위해 레가트를 어떻게 도왔나?

   a. 귀가 어두운 척했다.
   b. 선장이 배에 오르지 못하게 했다.
   c. 레가트를 큰 통에 숨겼다.
   d. 레가트를 선원처럼 세워두었다.

정답: 1 a. 2 d. 3 a.

1. 하지만 내가 가장 강하게 느끼는 것은 이 배에서 내가 이방인이라는 점이다. 그리고 모든 사실이 밝혀져야 한다면 난 나 자신에게도 이방인이고 말 것이다.

2. 내 아버지는 노퍽에서 교구 목사로 계시죠.

3. 난 지금 항해중이오. 맙소사. 30년 하고도 7년 동안 영국 배에서 이런 일이 일어났다는 얘기는 들어본 적이 없소. 근데 그것이 내 배에서 일어나다니. 그것도 아내가 타고 있는데 말이오.

4. 배가 벗어나지 못할 거요. 선장 당신이 그렇게 만들었소. 이런 일이 일어날 줄 알았어. 배가 견디지 못하오. 너무 가까이 와버렸잖아. 배가 돌기 전에 표착하고 말 거요.

5. … 자유인. 새로운 운명을 헤엄쳐 가는 자.

모범답안: 1. 캡틴이 독자들에게 자신의 새로운 임무에 대해 불안한 마음을 표현하고 있다. 2. 레가트가 캡틴에게 자기 이야기를 하고 있다. 3. 캡틴의 배에서 레가트를 찾으며 세포라 호의 선장이 하는 말. 4. 일등항해사가 선장에게. 배가 코링으로 근접하고 있을 때 우려를 표하고 있다. 5. 캡틴이 독자들에게 이야기의 맨 마지막 부분에서 레가트를 가리켜 하는 말을 기술하고 있다.

C 다음 주제에 대해 간단히 서술하시오.

1. 캡틴이 레가트를 숨겨주면서 성격이 어떻게 변하는지 서술하시오.

2. "은밀한 공유자"와 〈어둠의 심연〉에서 콘래드가 '생령'이라는 주제를 어떻게 구사했는지 서술하시오.

3. 이 단편의 우화적 의미를 서술하시오.

4. "은밀한 공유자"와 〈어둠의 심연〉에서 '지식'이라는 주제를 어떻게 다루는지 서술하시오. 예를 들어 두 작품에서 주인공은 각각 어떤 지식을 얻게 되는가?

세계의 두 얼굴을 찾아서 ●

실전 연습문제 ●

一以貫之는 '논어'에 나오는 말로 '모든 것을 하나의 이치로 꿴다'는 뜻입니다.

논술의 주제와 문제 유형, 제시문들은 참으로 다양하고 가지각색입니다. 그러나 그 모든 것을 하나로 꿸 수 있습니다. '인간사회의 보편적 문제들에 대한 근원적인 물음에 답하는 자기 나름의 견해'라는 것이지요. 논술은 인간이면 누구나 부닥치는 개인적 또는 사회적 문제들에 대한 자기 나름의 고민이자 성찰입니다. 논술은 자기견해, 자기 가치관, 자기 삶에 대한 솔직한 고백입니다.

一以貫之 논술 연구모임은 '자신의 물음'과 '자신의 생각'을 갖고 '자신의 글'을 쓸 수 있도록 도와줍니다.

〈집필진〉
김규형, 우한기, 이호곤, 박규현, 김법성, 김재년, 김병학, 도승활, 백일, 우효기, 조형진

잡설 하나. '경계'

　작가가 세계를 드러내는 효과적인 방편 중의 하나가 '경계'의 설정이다. 익숙한 질서와 낯선 질서가 맞닿아 있는 곳. 이곳은 물리적으로 존재하는 구체적 공간일 수도 있고, 관념적으로 존재하는 내면적 공간일 수도 있다. 경계에서는 어느 하나의 질서만 존재하기가 어렵다. 기존 세계는 낯선 질서를 거부하고, 낯선 세계는 기존 질서를 거부하기 때문이다. 어느 한쪽의 틀로 쉽게 환원되기 어려운 소위 딜레마적 상황을 의미하는데, 이 과정에서 드러나는 세계와 인간 삶의 모습은 기존의 시각을 전복시키는 힘을 갖는다. 그것은 세계의 실상이나 인간 삶의 조건에 대한 근본적인 성찰을 이끌어내기 때문인데, 이러한 성찰을 계기로 우리는 세계와 인간을 보다 다양한 측면에서 바라볼 기회를 얻는다.

　여기서 다룰 〈어둠의 심연〉 역시 '경계'를 통해 세계와 인간 삶을 탐사한 작품이라고 할 수 있다. 작품의 배경이 되는 아프리카 대륙은 문명세계와 원시세계가 만나는 공간이다. 두 세계의 접점을 여행하면서 주인공이자 화자인 말로는 인간 삶에 허용되는 가능성을 탐색한다. 그의 시선을 따라가 보자.

세계의 두 얼굴을 찾아서

〈어둠의 심연〉의 경우, 줄거리 자체는 그리 복잡하지 않다. 아프리카에서 상아를 채집, 유럽 등지에 팔아 이윤을 챙기는 유럽의 식민지 개척회사가 콩고 강을 항해할 선박책임자를 고용한다. 중앙아프리카 내륙 출장소 직원인 커츠라는 인물을 안전한 곳으로 데려오기 위해서인데, 주인공 말로가 이 일의 책임자다. 이야기는 말로가 커츠를 만나기까지 항해하면서 겪었던 경험을 현재 시점에서 동료들에게 들려주는 형식으로 전개된다. 선원으로서 숱한 항해를 경험한 말로가 아프리카의 콩고 강 항해에서 얻은 특별한 경험과 그 과정에서 느낀 세계에 대한 통찰이 이야기의 주요 골격이다.

"하지만 그때의 일이 내게 끼친 영향을 자네들이 이해하기 위해서는 내가 어떤 경위로 그곳에 가게 되었으며, 거기서 무엇을 보았고, 어떻게 강을 따라 올라가서 그 가엾은 친구를 처음 만난 곳에 이르게 되었는지를 알고 있는 것이 좋겠네. 그건 내 항해의 끝이요 내 체험의 절정이기도 했지. 그 체험은 내 주위의 모든 것에 대해, 그리고 내 자신의 사상 속에, 일종의 빛을 던져주는 듯했어. 또 그것은 참으로 어두웠고 연민의 정을 일으켰으며 그 어떤 면에서도 비범하다고 할 수는 없었지만 그렇다고 아주 분명하지도 않았지. 그래, 아주 분명하지가 않았어. 그런데도 일종의 빛을 던져주고 있는 듯했어."

그에게 '빛'이란 경계에 선 자들만이 얻을 수 있는 일종의 통찰일 텐데, 세계에 대한 새로운 인식일 것이다. 각성된 그의 시선은 '문명의 역사'를 거슬러 오른다. 이는 콩고 강을 따라 검은 대륙의 심장부를 향하는 것이기도 한데, 이 과정에서 그는 인간 삶이 터하고 있는 세계의 두 얼굴을 탐사한다.

"아주 옛날 옛적 생각을 하고 있었다네. 1,900년 전에 로마인들이 처음으로 이곳을 찾아왔던 일 말일세. 마치 엊그제같이 느껴지지…. 그때부터 이 강에서는 빛이 비쳐나왔어. 빛 light이 아니라 기사들 knights이었다구? 그렇게 생각할 수도 있겠군. 하지만 그 빛은 평원을 휩쓰는 불길 같았고 구름 속에서 번개가 번뜩이는 것 같았지. 지금도 우리는 그 번뜩이는 빛 속에서 살고 있는 거야. 이 지구가 계속해서 굴러가는 동안은 그 빛도 영원히 지속되어야 할 텐데. 그러나 예전에는 이곳에도 암흑이 덮고 있었어. 한번 상상해 보라구. 노가 3단으로 달려 있던 그 배의 이름이 뭐더라? 그 멋진 지중해 함정의 지휘관이 별안간 북쪽으로 올라가라는 명령을 받았을 때의 심경이 어떠했을지 상상이 가는가? … 모래톱, 늪, 숲, 야만인들이 있었을 뿐, 문명인들이 먹을 만한 것은 아주 귀했고, 마실 것이래야 템스 강물밖에 없었을 것 아닌가. 이곳에 팔레르누스 산(産) 포도주가 있었을 리 만무하고 강둑에 올라갈 수도 없었을 거야. 여기저기 밀림 속에 로마군의 야영지가 있었겠지만, 건초 다발 속에 떨어진 바늘 한 개만큼이나 찾아내기가 어려웠을 것 아닌가. 도처에 추위, 안개, 폭풍우,

질병, 유배, 죽음밖에 없는데, 죽음은 허공 속에서, 물속에서, 그리고 숲속에서 넘보고 있었을 거야. 그래서 이곳에서는 인간의 목숨이 파리 목숨 같았을 것임에 틀림없어."

생존에 몸부림치는 인간에게 허용되는 가능성은 두 가지, 문명인이 되거나 미개인이 되거나이다. 우선 문명인이 되는 조건을 보자.

인간이 만든 세계: 문명세계

문명인으로서 갖춰야 할 덕목은 무엇인가? 삶의 조건을 개척하고 확장하는 능력이다. 있는 그대로의 세계는 생존과 관련하여 아무런 도움을 주지 않기에 스스로의 힘으로 해결해야 한다. 이 과정에서 생각하고 판단하는 능력인 이성의 역할은 결정적이다. 이성은 인간 삶에서 필요한 것과 불필요한 것을 분별하고, 판단하고, 예측하는 행위를 가능케 하는 능력이다. 이성의 능력에 힘입어 있는 그대로의 세계는 인간이 구축한 질서에 주도권을 넘겨주고, 인간 삶은 안정성과 지속성을 얻는다. 세계는 이제 두려움의 대상이 아니라 창조의 대상이 된다. 인간 스스로가 자신이 터할 근거를 확보한 셈이다. 소위 '문명세계'라는 것인데, 어떤 인간도 이곳을 벗어난 삶을 상상하기 어려울 정도로 우리에게는 친숙한 세계가 되었다. 문명세계가 개인을 내치는 경우는 있을 수 있겠지만, 적어도 개인의 의지로써 이 세계를 벗어날 수는 없는 상황인 것이다. 무인도에서 문명의 기억을 더듬으며 확신에 찬 자기세계를 개척하는 로빈슨 크루소를 떠올려 보라. 그에게는 무인도보다는 문명의 기억이 삶의 근거요 현실인 것이다. 이렇듯 문명세계는 인간에게 굳건한 삶의 근거로 작용하는 바, 그 모습이 어떻게 드러나는지 보자.

"우리를 구원해 주는 것은 능률, 능률에 대한 헌신이거든… 정복자가 되기 위해서 필요한 것은 포악한 힘뿐인데, 이런 힘을 가지고 있다고 해서 자랑할 것은 못 되지. 왜냐하면 누가 이런 힘을 가지고 있다고 해도 그것은 다른 사람들이 약하다고 하는 사실에서 생기게 된 우연한 결과에 불과하기 때문이야. 그들은 단순히 획득이라는 목적을 위해 획득할 수 있는 모든 것을 움켜잡았을 뿐이야. 그것은 폭력을 쓰는 강도 행위요, 대규모로 자행되는 흉측한 살인 행위에 불과했는데, 사람들은 맹목적으로 그 행위에 덤벼들었던 거야. 그것은 암흑세계를 다루어야 하는 사람들에게는 아주 적합한 행위지. 이 세계의 정복이라고 하는 것이 대부분 우리들과는 피부색이 다르고 우리보다 코가 약간 낮은 사람들을 상대로 자행하는 약탈 행위가 아닌가… 이 불미스런 행위를 대속(代贖)해 주는 것은 이념밖에 없어요. 그 행위 이면에 숨은 이념이지. 감상적인 구실이 아니라 이념이라야 해. 그리고 그 이념에 대한 사심 없는 믿음이 있어야지. 이 이념이야말로 우리가 설정해 놓고 그 앞에서 절을 하며 제물을 바칠 수 있는 무엇이거든…"

　　능률에 대한 헌신과 이기적 탐욕, 정복과 약탈. 일견 서구의 근대화 과정에서 자행된 식민지 개척사가 연상되는 대목이다. 실제 이 작품이 발표된 1899년은 서구 열강들이 '신세계 개척'을 놓고 세계 곳곳에서 각축을 벌이던 시기다. 열강들이 세계 지도에 자국의 국기를 표기해가는 과정에서 일삼은 전쟁과 폭력, 약탈은 식민지 민중들에게 여전히 깊은 상처로 남아 있다. (〈어둠의 심연〉은 소위 '개화한' 사람이 '미개한' 사람을 대하는 방식에 대해 작품 곳곳에서 언급하고 있는데, 이 점에서 보자면 제국주의에 대한 고발로서도 손색 없는 작품이다.)

　　그런데 인류역사를 곰곰이 짚어보면, 정복과 약탈은 특정 시대에만 국한된 현상이 아님을 알 수 있다. 어렵게 두꺼운 역사책을 뒤질 필요 없이, 역사를 소재로 한 영화, 드라마, 소설을 보라. 극적 효과를 높이기 위한 방편이라는 점을 감안하더라도 거기에 정복과 싸움 이야기가 빠지던가. 무슨 왕조가 어디를 치고… 이에 상대는 저항하고… 혼전 끝에 이윽고 새로운 질서가 성립되고… 하는 식이다. 무조건적인 정복이나 약탈은 없었던 것 같다. 다 나름의 명분을 갖게 마련인데, 누구의 명분이 타당하냐를 따지는 것은 닭이 먼저냐 달걀이 먼저냐를 따지는 것만큼이나 부질없어 보인다. 이러나저러나 죽어나는 것은 민중들이었다.

이는 역사적 사실에 그치지 않는다. 오늘날도 이와 유사한 행태는 여전히 반복된다. 미국의 선제공격으로 촉발된 이라크 전쟁이 대표적인 경우다. 테러로부터 자유민주주의 질서(누구를 위한 누구의 자유민주주의인지에 대한 물음은 차치하고라도)를 수호한다는 명분하에 발발된 이 전쟁에서 가장 고통을 받는 것은 이라크 민중들이다. (이들을 '테러'로부터 지켜줄 수호천사는 없을까?)

조금 다른 경우이기는 하지만, 자본의 그칠 줄 모르는 탐욕은 또 어떠한가. 자본은 국가 권력보다 훨씬 광범위하게 영향력을 행사한다. 지구상에 존재하는 모든 것에 가격표를 붙여 흥정의 대상으로 변모시킬 뿐만 아니라, 이윤창출에 걸림돌이 되는 그 어떤 장벽도 너끈히 허문다. 비록 '피' 한 방울 흘리지 않는 세련된 방식이긴 하지만 이 같은 자본의 공세는 전 세계 수많은 민중들의 삶을 황폐화시키고 있다. 요컨대 전쟁이든 자본의 공세든 인간 삶에 그리 호의적이지 않다는 점에서 둘은 별 차이가 없다.

인간이 창조한 문명적 질서는 삶을 집어삼키는 괴물의 형상으로 존재하고 있는 것이다.

있는 그대로의 세계: 다듬어지지 않은 자연과 야생적 삶

암흑세계는 문명세계에 주도권을 내주었지만 여전히 위력을 발휘하고 있는, 바꿔 말해 실체가 뚜렷하게 포착되지 않으면서도 존재감은 느껴지는 그런 세계다. 말로는 이 세계를 아프리카 대륙의 원시적 초보상태에서 발견한다.

"숲속에서, 정글 속에서, 그리고 야성적인 인간의 가슴 속에서 격동하는 그 모든 황야의 신비로운 삶을 느끼고 있었을 거야. 그런 신비로움의 의미를 이해할 도리야 물론 없지. 온통 이해할 수 없는 것들, 그래서 역겹기까지 한 것들의 한가운데에 갇혀서 사는 수밖에 없으니까. 그런데 그 신비로움에는 매혹적인 데도 있어서 결국 그에게 영향을 미치게 되지. 말하자면 그건 역겨움이 주는 매혹이야. 점점 심해지는 후회, 도망치고 싶어 못 견디는 마음, 어찌할 도리가 없는 혐오감, 굴복, 증오심 같은 걸 상상해 보게나."

"거기서 우리는 인간이야말로 보잘것없고 방향을 상실한 존재라는 느낌을 가지지 않을 수 없었지만, 그런 느낌이 반드시 우리를 우울하게 하지는 않았어. 우리가 보잘것없는 존재이건 아니건 어쨌든 그 더러운 딱정벌레 같은 기선은 기어가고 있었고, 우리가 그 기선에게 바라는 것도 그것뿐이었으니까."

"그 땅은 이 세상의 땅 같이 보이질 않았어. 우리는 정복당한 괴물이 족쇄를 차고 있는 광경을 바라보는 데만 익숙해 있었거든. 그러다가 거기서 괴물이 자유를 누리고 있는 것을 보게 되었던 거야. 그건 이 세상 풍경이 아니었고, 게다가 그 사람들은… 아니야, 그들을 인간답지 않다고 할 순 없었어. 내게 가장 괴로웠던 건 그들 또한 비인간적이지는 않았다고 하는 바로 그 생각이었어. 그런 생각은 서서히 떠오르는 법이지. 그들은 소리 지르며 깡충깡충 뛰거니 제자리에서 빙빙 돌거니 하면서 무시무시한 표정을 지었어. 그러나 그 광경을 바라보던 우리를 몸서리치게 한 것은 그들 또한 우리들처럼 인간이라는 생각, 그리고 그 야성적이고 열정적인 소동이 우리와는 먼 친족 관계가 있을지도 모른다는 생각이었어.”

문명적 질서에 길들여지고, 문명세계를 인간 삶의 유일한 조건이라고 믿어온 ‘문명인’의 입장에 볼 때, 암흑세계, 즉 있는 그대로의 세계는 변화시켜야 할 대상이다. 다듬어지지 않은 자연은 인간이 살 수 있는 곳으로 개조되어야 하며, 야생적인 삶 역시 개화되어야 한다. 본국으로부터 아프리카 오지에 파견된 ‘문명인’들은 돈 자체가 목적인 사람이 대부분이겠지만, 대개가 미지의 땅을 개척한다는 사명감으로 무장되어 있다. 그러나 암흑세계는 그 숭고한 사명감 앞에서 그리 호락호락하게 무릎을 꿇지 않는다. 오히려, 원시적 생명력으로써 문명인의 영혼과 의지를 짓누른다. 아무리 뛰어난 정신력과 의지의 소유자라고 하더라도 이를 견디기는 쉽지 않다. 말로가 커츠라는 인물의 삶에 주목하는 이유도 여기에 있다. 미지의 세계를 개척하고 원주민들의 삶을 개화하겠다는 야심찬 포부로 문명세계를 박차고 나왔으나, 결국 이기적 탐욕(문명)과 원시적 초보상태(어둠) 사이를 방황하다 광인이 되어버린 것이다.

이처럼 문명인의 삶을 비웃기라도 하듯 수시로 그 모습을 드러내는 암흑세계의 힘은 어떻게 존재하는가? 이 물음은 문명세계와 암흑세계(또는 문명적 질서와 원시적 생명력)가 맺는 관계방식 및 삶의 조건에 대한 논의를 함축한다. 암흑세계가 문명세계와 단절되어 존재하느냐, 아니면 연결되어 존재하느냐에 따라 인간 삶의 조건은 물론이려니와 삶의 방식이 달라지기 때문이다. 이와 관련하여 주목을 요하는 대목이 있다. 바로 말로가 원주민들의 야성적이고 열정적인 소동을 보면서 '우리와는 먼 친족 관계가 있을지도 모른다'고 생각하며 몸서리치는 부분이다. 이는 원주민들의 '소동'이 낯설게 느껴지지 않는 근거가 자기 내부에 존재한다는 뜻으로 이해될 수 있다. 즉 야성적인 에너지가 원주민들의 삶에만 국한되는 게 아니라, 문명적 질서와 규범에 억눌려 있기는 하지만 자신에게도 존재하는 본능임을 감지한 것이다. 요컨대 서로 아득하게 떨어져 있는 줄로만 알았던 두 속성이 실은 한 삶 속에 공존하고 있었던 것이다. 이는 암흑세계와 문명세계가 분리된 두 세계라기보다는, 하나의 삶을 지탱하는 세계의 두 측면이라는 통찰로 이어진다. 두 모순되는 질서 모두를 삶의 조건으로 받아들여야 하는 상황인 셈이다. 그 결과 하나의 질서, 특히 문명적 질서를 근간으로 형성된 삶의 방식은 위기를 맞게 된다. 있는 그대로의 세계 역시 삶의 조건으로 받아들여야 하기 때문이다.

문명과 야만, 인간 삶의 두 측면

　있는 그대로의 세계(암흑세계)를 받아들이는 순간, 세계는 더 이상 인간에게 확실한 대상으로 다가오지 않는다. 문명세계와 암흑세계가 복잡하게 뒤얽히는 것을 통해 드러나는 세계의 모습은 어둡고, 불가사의하고, 혼돈스러운 그러면서도 삶을 무섭게 장악해 오는 어떤 힘으로 느껴질 뿐이다. 이제 문명세계를 토대로 형성된 삶의 근거는 흔들린다. 암흑세계가 자신의 시민권을 요구하기 시작한 때문이다. 커츠가 숨을 거두기 직전 "공포다! 공포!"라고 외친 것도 자신의 확고하던 신념의 붕괴와 운명을 장악해 오는 어떤 불가사의한 힘의 엄습을 감지했기 때문이다. 삶의 심연을 본 것이다.

　이렇듯 문명과 야만, 모순되는 두 세계를 조건으로 살아야 하는 인간 삶은 순탄하지가 않다. 문제는 이 상황을 어떻게 받아들이느냐인데, '경계'의 의미를 다시 떠올릴 필요가 있을 것 같다. 경계는 기존 질서와 낯선 질서가 만나는 지점이다. 우리는 경계에 섬으로써 비로소 세계와 자기 삶을 성찰함과 동시에 다른 존재들과의 보다 나은 만남을 모색할 수 있다. 이는 자기 삶을 풍성하게 살찌우는 일이다. 이는 자기 삶을 풍성하게 살찌우려는 자들만이 삶의 심연을 경험한다는 말과도 통한다. 이렇게 본다면 경계, 모순과 착종, 혼돈을 그 자체로서 삶의 조건으로 받아들이는 게 전혀 불가능해 보이지는 않는다.

잡설 둘.

‘폴란드 태생으로서 선원과 선장생활을 하다가 외국어인 영어로 작가생활을 시작한 사람.’ ‘초자연적이고 신비적인 요소를 도입하면서도, 살아 있고 고통받는 인간들의 세계의 범위를 결코 벗어나지 않은 작가.’ ‘20세기 영국 소설의 개척자.’ 조셉 콘래드를 세계문학사에서 돋보이게 하는 수사들이다.

콘래드의 명성에 의존해 〈어둠의 심연〉을 접한 독자 입장에서는 실망스러울지도 모르겠다. 시종일관 이렇다 할 극적 긴장이나 반전은 일어나지 않고, 말로의 내레이션에 의존해서 모든 상황을 이해해야 한다. 게다가 작품 전체를 감싸는 우울한 색조며 뚜렷이 잡히지 않는 모호한 메시지는, 다양한 인물과 사건들에 익숙한 독자들에겐 따분한 구성방식일 수도 있다. 한 마디로 〈어둠의 심연〉은 ‘오락성’이나 ‘재미’ 측면에서는 미덕을 찾기 어려운 작품이다. 그럼에도 불구하고 작품 전체를 찬찬히 음미하면서 읽다보면, 사유과정이 주는 즐거움은 누릴 수 있으리라고 본다. 〈어둠의 심연〉과 함께 ‘경계’에 서 보는 건 어떨까?

〔97대입〕 부산대 입시 논술고사

아래에 제시한 〈그림〉과 글들을 읽고, 다음 두 논점을 중심으로 '진보'의 개념을
어떻게 이해해야 할지 논리적으로 서술하시오. 〈50점〉

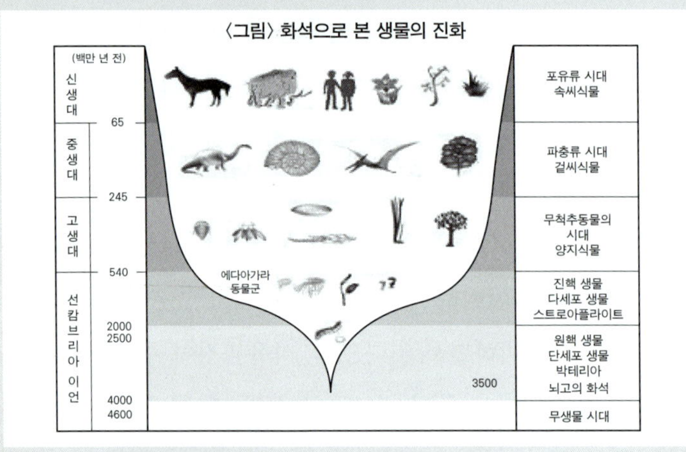

〈문제 1〉　〈그림〉과 글 (가)에서 설명하고 있는 이론이 글 (나)와 (다)에 소개된
　　　　　 견해들에 어떻게 수용되었는가?

〈문제 2〉　글 (라)를 참고할 때, 그 견해들에는 어떠한 문제점이 있다고 생각하
　　　　　 는가?

(가) 다윈은 자연에서도 한 생물 종의 많은 개체들 가운데 환경에 잘 적응하는 특성을 가진 개체들만이 생존 경쟁에서 살아남게 될 것이라고 생각하였다. 그러므로 이런 개체들이 경쟁을 통해 긴 세월 동안 계속해서 번식에 성공함으로써 선택될 수 있다는 것이다. 결과적으로 물리적 환경 조건 또는 개체들 사이의 경쟁은 특정 형질만을 선택하여 생물의 진화가 이루어지게 한다는 것이다.

다윈의 〈종의 기원〉에서 '기원'은 모든 생물체가 원시 유동체나 살아 있는 분자로부터 유래한 과정에 대한 언급이 아니라, 한 생물 종이 다른 종으로의 전환을 의미한다. 다윈은 궁극적인 생명의 기원에 대한 해석은 과학적 문제 이상의 것으로 생각하였다. 그러므로 다윈의 진화에 대한 논의는 자연에 많이 존재하고, 쉽게 관찰되는 생물의 변이로부터 시작된 것이다. 그러므로 다윈은 생물의 변화가 일어나는 진화라는 현상이 존재한다는 것은 너무도 당연하지만, 그 변화가 일어나는 기적을 설명하는 것은 훨씬 어려운 문제라고 설명하였다. 결국 다윈은 생물이 시간의 흐름에 따라 변화되는 진화의 기적을 자연 선택으로 설명할 수 있었고, 바로 자연 선택이 진화의 원동력이라고 주장한 것이다.

(나) 진보의 개념은 수백 년 동안 그림자처럼 존재해 오다가 마침내 산업혁명 시대에 서구인의 마음을 사로잡았다. 1835

년 매콜리의 연설 한 대목을 들어 보자. "우리는 진보의 편에 섰습니다. (…) 영국의 역사는 결단코 진보의 역사입니다." 그리고 진보의 행진이 증기 기관과 연소 엔진을 달고 박차를 가하던 저 시대에 매콜리는 소리 높여 외친다.

이것은 이동의 속도를 높여주었습니다. 이것은 거리의 제한을 없애주었습니다. 이것은 모든 비즈니스의 신속한 처리를 원활하게 해주었습니다. 이것이 있기에 인간은 저 깊은 바다 속까지 내려가고, 하늘 높이 날고, 땅 속 깊이 유해한 구석까지 안전하게 파고들고, 마차가 없어도 자동차로 대지를 누비고, 바람을 가르며 시속 10노트로 달리는 배로 바다를 횡단할 수 있게 되었습니다. (…) 이것은 결코 휴식을 모르고 결코 도달할 수 없고 결코 만족을 모르는 철학입니다. 이 법칙이 바로 진보입니다.

그리고 한쪽 모퉁이에서 〈종의 기원〉이 모습을 드러내고 있었다. 1859년에 발간된 이 책은 다음과 같은 유명한 말로 끝을 맺는다. "오직 각 종(種)의 선(善)에 의해서 그리고 선을 위해서 자연의 선택은 작동하기 때문에 모든 신체적 · 정신적인 천부적 자질은 완성을 지향하며 진보해 나갈 것이다."

(다) 19세기의 사회과학자들은 사회를 성장 과정에 있는 일

종의 유기체로 보았다. 이 유기체는 단순한 것에서 복잡하고 조직적인 것으로, 무질서에서 질서로, 일반성에서 특수성으로 성장한다. 사회의 성장 과정은 몇 개의 단계로 구분되며 시작과 최종적 목표를 가진다. 이러한 사회의 성장이 곧 사회의 진보이며, 더 새롭고 더 진화된 사회가 더 나은 사회라는 것이었다.

당시의 저명한 인류학자 타일러(E. B. Tylor)와 모건(L. H. Morgan) 같은 이들은, 인간이 사용한 기술과 도구의 수준에 따라 인간의 역사를 미개 · 야만 · 문명의 시기로 나누고, 인간의 역사는 '위로 발전해 나가는 역사'라고 주장하였다. 그들은 고정된 인류의 성장 단계상의 위치에 따라 각 문화들을 분류하고 성장의 양식과 메커니즘을 설명해 주는 척도를 고안하였다. 이들의 작업에는 세 가지 기본 가정이 전제되어 있었다. 첫째, 현존하는 사회들은 더 '원시적인 것' 또는는 더 '문명화된 것'으로 분류되고 등급이 매겨질 수 있다. 둘째, 원시사회와 문명사회 사이에는 정해진 몇몇 단계가 존재한다. 셋째, 모든 사회는 속도는 상이하지만 동일한 순서로 이들 단계를 밟으며 진보한다.

이들 외에도 많은 학자들이 사회적 복잡성의 증가 또는 지적 · 종교적 · 심미적 세련의 정도에 따라 진보를 측정하려 하였다. 물론 그들은 인류 역사상 벌어졌던 많은 어려움과 좌절을 잘 알고 있었다. 하지만 진보는 엄연히 존재하고 시간은 결국 인간에게 이로운 개념이라는 사상이 그들 마음속 깊숙이 자리 잡았다. 나아가 진화의 방향을 알 수 있다면 인간이 어떻게 행동해야 하는가도 알 수 있을 것이다. 예를 들어 스펜서는 진화는 종들을 더 길고 더 편안한 삶으로 그리고 자손들을 더 안전하게 키울 수 있는 방향으로 인도한다고 믿었다. 그러므로 인류의 사명은 이러한 가치들을 키워나가는 것이다. 그리고 서로서로 협동하는 것이 그렇게 하는 방법이었다. 더 멋지게, '영구적으로 평화로운 사회'에서 살기 위해서 말이다.

(라) 다음은 어느 자연과학자와 인문학자가 나눈 대화의 일부입니다.

A: 진화의 전체 흐름을 보면 단순한 생물들이 우리처럼 복잡하고 다양하게 진화해 왔으니 당연히 어떤 형태의 진보 개념을 상상할 수도 있겠죠. 이 문제를 한 마디로 해결하기는 상당히 어려워요. 예를 들어 다윈의 진화론에서는 소진화와 대진화를 나눠서 이야기하는데요, 소진화는 유전자 수준에서 벌어지는 변화고, 대진화는 그 결과로 나타나는 커다란 현상들을 말합니다. 소진화를 이야기할 땐 사실 별 문제가 없어요. 소진화에는 '진보' 개념이 들어갈래야 들어갈 수가 없어요. 유전자가 뇌를 가진, 생각하는 존재도 아니고, "유전자들아, 우리 좀더 잘해 보자!" 이럴 리도 없다는 거

죠. 유전자들 간의 갈등과 경쟁 사이에서 돌연변이도 생기고 모두가 우연투성이인데 거기서 무슨 '진보적인' 방향을 잡겠어요. 그러나 이런 소진화의 단계를 거쳐서 대진화로 넘어가면 문제가 결코 단순한 게 아닙니다. 이건 생물학이 가지고 있는 어려움이자 동시에 상당한 매력이기도 합니다. 물리학이나 화학은 기본적으로 환원주의적 학문이잖아요. 쪼개고 쪼개서 부분을 보고 그 부분들로 전체를 끼워 맞추는 학문이죠. 그런데 생물학은 그렇지 않잖아요. 분자에서 단백질로, 단백질에서 조직으로, 조직에서 생명체로 하나의 단계를 밟아 올라갈 때마다, 환원주의적인 것으로 설명하기에는 너무 많은 요소들이 개입하고 구성 부분의 합으로는 설명할 수 없는 현상이 나타납니다.

B: 복잡성의 영역에 들어오면 '진보'라는 것이 있는지 없는지 결코 말할 수 없다, 좋은 얘깁니다. 생명체의 진화 못지않게 복잡한 것이 인간의 역사인데, 그 역사라는 것에 진보가 있느냐 없느냐 하는 문제는 여전히 논란거리로 남아 있습니다. '진보'라는 말이 나오면 사람들은 곧장 '마르크시즘'을 연상하죠. 그런데 그게 그렇지 않습니다. 진보란 것이 인간 사상계에 등장한 역사는 겨우 200년 안팎입니다. 진보사상을 띄워 올린 것은 근대 과학과 계몽철학이죠. 과학, 이성, 합리적 기획을 합치면 인간 사회는 '진보'할 수밖에 없다는 것이 근대 이데올로기죠. 거기에 불행하게도 정

치제국주의가 결합했습니다. 진보라는 것이 어떤 주어진 방향이나 목표를 향한 역사의 필연적 진행을 의미하는 것이라면, 역사에 진보가 있는지 없는지는 저도 선생님의 표현대로 '결코' 말할 수 없습니다. 역사가 진보했는지 어떤지는 그 역사라는 것이 끝나는 지점에서만 알 수 있겠죠. 저는 그때까지 살 생각이 없어요. (하하하)

다락원 명작노트 **024**

어둠의 심연 外

펴낸이 정효섭
펴낸곳 (주)다락원

초판 1쇄 인쇄 2007년 1월 29일
초판 1쇄 발행 2007년 2월 5일

책임편집 안창열, 김지영
디자인 손혜정, 박은진
번역 이진준
삽화 손창복

다락원 경기도 파주시 교하읍 문발리 509-1
Tel:(02)736-2031 Fax:(02)732-2037
(내용문의: 내선 520/구입문의: 내선 113~114)
출판등록 1977년 9월 16일 제300-1977-23호

Copyright ⓒ 2007, 다락원

출판사의 허락 없이 이 책의 일부 또는 전부를
무단 복제·전재·발췌할 수 없습니다.
잘못된 책은 바꿔 드립니다.

값 8,500원

ISBN 978-89-5995-139-0 43740

〈행복한 명작 읽기〉는 기초가 약한 영어 초급자나 초, 중, 고 학생들이 보다 즐겁고 효과적으로 명작들을 읽으며 독해력을 키울 수 있도록 개발된 **독해력 증강 프로그램**입니다.

책의 특징

1 골라 읽는 재미가 있다. 초보자를 위한 350단어 수준에서 중고급자를 위한 1,000단어 수준까지 5단계 구성.

2 단계별로 효과적인 영어 읽기 요령과 영문 고유의 참맛을 느낄 수 있는 장치가 곳곳에.

3 읽기만 해도 영어의 키가 쑥쑥 – 해석을 돕는 돼지꼬리(⌒), 영어표현 및 문법 설명, 퀴즈가 왕창.

4 체계적인 듣기 학습까지. 전문 미국 성우들의 생동감 넘치는 원음을 담은 오디오 CD 제공.

왕초보 기초다지기

쉬운 영문을 통해 영어 독해에 대한 막연한 두려움을 없앤다.

Grade 1   Beginner   350 words

1 미녀와 야수
2 인어공주
3 크리스마스 이야기
4 성냥팔이 소녀 외
5 성경 이야기 1
6 신데렐라
7 정글북
8 하이디
9 아라비안 나이트
10 톰 아저씨의 오두막

Grade 2   Elementary   450 words

11 이솝 이야기
12 큰 바위 얼굴
13 빨간머리 앤
14 플랜더스의 개
15 키다리 아저씨
16 성경 이야기 2
17 피터팬
18 행복한 왕자 외
19 몽테크리스토 백작
20 별 | 마지막 수업

국판 | **Grade 1, 2, 3** 각권 6,000원
(오디오 CD 1개 포함)
Grade 4, 5 각권 7,000원
(오디오 CD 1개포함)
*어린왕자 8,000원
(오디오 CD 2개 포함)
**고도를 기다리며 9,000원
(오디오 CD 2개 포함)

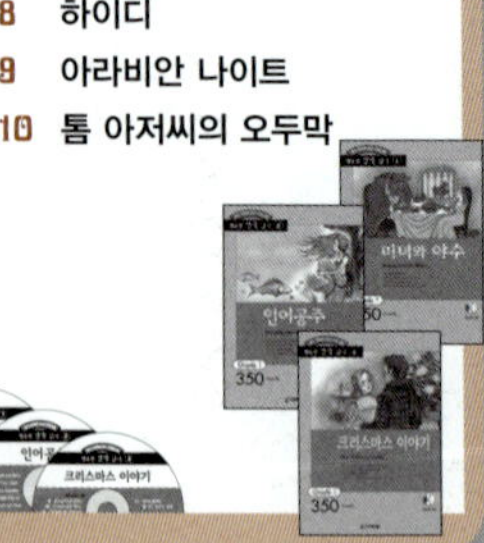
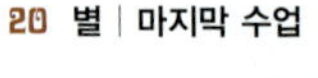
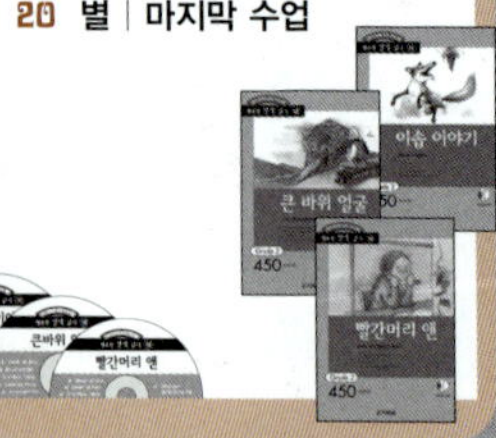

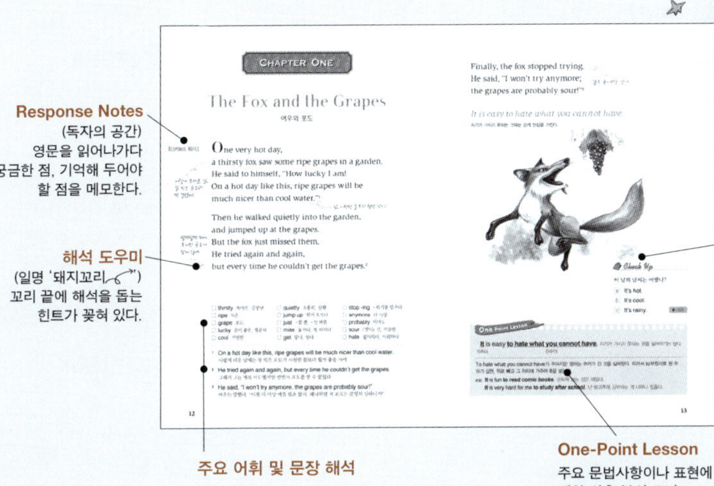

Response Notes
(독자의 공간)
영문을 읽어나가다
궁금한 점, 기억해 두어야
할 점을 메모한다.

해석 도우미
(일명 '돼지꼬리')
꼬리 끝에 해석을 돕는
힌트가 꽂혀 있다.

주요 어휘 및 문장 해석

Check-Up
내용 파악이
잘 되었는지 확인.

One-Point Lesson
주요 문법사항이나 표현에
대한 심층 분석 코너.

실력 굳히기

실력에 맞게 효과적으로 끊어 읽으며 직독직해 훈련을 한다.

영어의 맛 제대로 느끼기

영문판 원서 도전을 위한
전 단계의 준비과정이다.

Grade 3 — Pre-intermediate — 600 words

Grade 4 — intermediate — 800 words

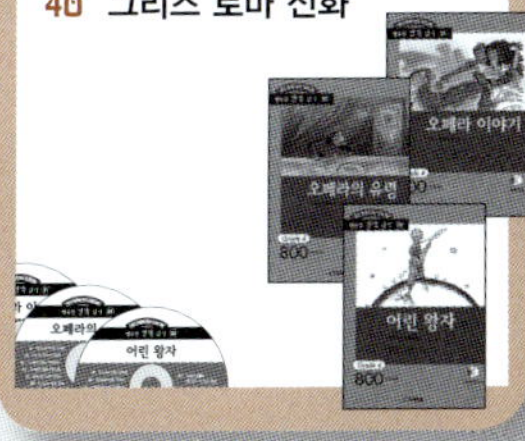

Grade 5 — Upper-intermediate — 1000 words

콕콕 찍어 들려주는 명작 리스닝 시리즈 [전20권]

세계 명작소설을 쉽게 고쳐 쓴 중·고생용 학습 교재. 독해와 함께 청취력 향상을 위해 전 내용을 녹음하고, 매 페이지에 리스닝 포인트를 두어 한국인이 듣기 어려운 부분은 또박또박한 발음으로 반복해 들려준다. 권말에는 영어듣기 테스트를 수록해, 입시에서 점점 비중이 높아지는 듣기시험에 대비하도록 했다.

□ 각 권 4·6판/140면 내외
□ 정가: 각 권 5,800원 (테이프 2개 포함)

① 이상한 나라의 앨리스 / 백설공주와 일곱 난쟁이
Alice's Adventures in Wonderland /
Snow White and the Seven Dwarfs

② 이솝 우화
Aesop Fables

③ 그림 동화집 / 잭과 콩나무
Grimms Fairy Tales / Jack and the Beanstalk

④ 재미있는 이야기 / 미녀와 야수
Famous Stories / Beauty and the Beast

⑤ 알라딘과 요술램프 / 이른 아침의 살인
Aladdin and the Magic Lamp / Dead in the Morning

⑥ 오즈의 마법사 / 흑마 이야기
The Wonderful Wizard of Oz / Black Beauty

⑦ 걸리버 여행기 / 쉽게 번 돈
Gulliver's Travels / Fast Money

⑧ 거울 속의 앨리스 / 정원
Through the Looking Glass / The Garden

⑨ 피터 팬
Peter Pan

⑩ 큰 바위 얼굴 / 크리스마스 선물 /
알리바바와 40인의 도적들
The Great Stone Face / The Christmas Present /
Ali Baba and the Forty Thieves

⑪ 돈키호테 / 헨리 포드 이야기
Don Quixote / Tin Lizzie

⑫ 로빈 후드 / 어느 병사의 죽음
Robin Hood / Death of a Soldier

⑬ 신문 배달 소년 / 긴 터널 / 몰리의 순례자
Newspaper Boy / The Long Tunnel / Molly Pilgrim

⑭ 언덕 위의 집 / 헤라클레스
The House on the Hill / Hercules

⑮ 우주 도시로의 여행 / 요술 정원
Journey to Universe City / The Magic Garden

⑯ 마르코 폴로 / 크리스토퍼 콜럼버스 /
올리버 트위스트
Marco Polo / Christopher Columbus / Oliver Twist

⑰ 삼총사 / 레슬러
The Three Musketeers / The Wrestler

⑱ 불의 전차
Chariots of Fire

⑲ 런던 경시청 이야기 / 아서 왕
The Story of Scotland Yard / King Arthur

⑳ 도난당한 편지 / 붉은 머리 사교회 /
트래버스 씨의 첫사냥
The Stolen Letter / The Society of Red-Headed
Men / Mr. Travers First hunt

패턴 따라 쉽게 쓰는 틴틴 영어일기 1, 2

❶ 일상생활 패턴정복
❷ 학교생활 패턴정복

중학교에 다니는 여학생과 남학생이 각각 일상생활과 학교생활을 중심으로 1년간의 일을 쉽고 재미있게 쓴 영어일기. 중학생이라면 누구나 한번쯤 겪어봤을 만한 일들을 바탕으로 한 다양한 일기 소재와 어휘가 제공되어 있기 때문에, 영어일기를 통해 영작을 연습하려는 학습자에게 큰 도움이 될 수 있는 교재이다. 중·고생뿐만 아니라, 중학 영어를 미리 예습하려는 예비 중학생들에게도 아주 효과적인 영어 학습서로 강추!

□ 정미선 지음 / 4·6배 변형 / 192면
□ 정가 10,000원 (오디오 CD 1개 포함)

Teen Teen Diary (전3권)

❶ 매일 10단어로 뚝딱 중학생 영어일기

중1 수준의 어휘와 문장으로, 영어일기와 일상회화에 대한 감각을 익힌다.

□ 정미선 지음 / 신국판 / 144면
□ 정가 7,500원 (테이프 1개 포함)

❷ 매일 5문장으로 술술 중학생 영어일기

중2 수준의 어휘와 문장으로, 영어일기에 친숙해지고 자신감을 쌓는다.

□ 정미선 지음 / 신국판 / 152면
□ 정가 7,500원 (테이프 1개 포함)

❸ 매일 내맘대로 쓱싹 중학생 영어일기

중3 수준의 어휘와 문장으로, 중학영어를 마스터하고 미국의 일상회화에 익숙해진다.

□ 정미선 지음 / 신국판 / 144면
□ 정가 7,500원 (테이프 1개 포함)

지니의 미국생활 영어일기 Hello! America (전2권)

❶ 가을학기   ❷ 봄학기

어느 한국 여학생의 미국생활 이야기를 일기 형식으로 담은 책. 1권은 '가을학기', 2권은 '봄학기'편으로, 총 1년간의 미국 학교생활 및 일상생활에 관한 흥미로운 이야기들이 담겨 있다. 미국 학생들의 실생활을 바탕으로 한 탄탄한 스토리로 살아 있는 현지 영어와 미국문화를 체험할 수 있을 뿐만 아니라, 영어 독해 및 영작 연습을 할 수 있는 아주 유용한 교재이다.

□ 이지현 지음 / 국배판 변형 / 152면
□ 정가 8,500원

Notes